AF401279

(Par Le Paige

d'après Barbier

I

RÉPONSE

Au Jésuite Auteur de la LETTRE *au sujet de la découverte de la conjuration formée contre le Roi de Portugal.*

Mon Révérend Pere,

Quoique vous n'ayez pas mis votre nom à la Lettre que vous avez fait imprimer pour justifier vos Confreres sur l'attentat de Lisbonne, vous n'y dissimulez pas votre caractere. Vous parlez très-souvent des Jésuites, *pag. 5, 6, 48*, comme faisant corps avec eux. C'en est assez pour m'autoriser à vous adresser, sous la qualité de Jésuite, la Réponse que je me propose de faire à la Lettre que vous venez de publier, & pour interpeller même avec vous vos Confreres lorsque le sujet le demandera. Quelque longue que soit votre Lettre, je la suivrai pié à pié ; mais en passant légérement sur les lieux communs, pour ne m'arrêter qu'à ce qui va proprement au fait.

A

Il faut vous donner acte d'abord de l'hommage que vous rendez à cette vérité capitale, que l'attentat contre la vie des Rois est de tous les crimes un des plus grands que les hommes puissent commettre. On ne la trouveroit pas établie dans beaucoup de vos Casuistes. Un grand nombre d'entre eux, tant anciens que nouveaux, la contredisent. Leurs textes, mis récemment sous les yeux du Public, sont assez connus pour n'avoir pas besoin d'être rappellés ici. Vous réprouvez leur doctrine : on doit vous en sçavoir gré. Mais qu'est-ce que l'opinion d'un Jésuite anonime contre celle de tant de Docteurs graves de sa Société qui se nomment ?

Je ne sais où vous avez pris que *la justice des Princes*, p. 1, *veut que les peuples soient instruits de la vérité de toutes les circonstances qui ont accompagné des conjurations aussi odieuses* que celle de Portugal. Je ne vois dans aucune histoire moderne que les Cours se soient cru obligées de publier les actes du procès instruit contre les auteurs d'une conjuration, ni même des rélations circonstanciées de ces événemens. Le Procès de l'infâme Damiens est le premier en ce genre qui ait été donné au Public ; & il ne l'a pas été *afin*, p. 2, *de ne laisser aucun doute à la postérité sur la réalité de pareils complots ;* mais plutôt, ce femble, pour diffuader les efprits que l'attentat du 5 Janvier 1757, fût l'effet d'un complot & d'une conjuration. On n'a publié dans le tems aucune rélation authentique des affaffinats commis contre Henri III. & Henri IV., par Jacques Clément, Barriere, Jean Châtel & Ravaillac. Vous voulez vous-même, *p. 53*, que la mort d'Henri IV. demeure couverte *d'un voile impénétrable* : pourquoi donc dites-vous que *la juftice des Princes veut que les peuples foient inftruits de la vérité de toutes les circonftances qui ont accompagné des conjurations auffi odieufes* ? Croyez-moi, mon Révérend Pere, n'infiftez pas fur cette régle : l'ufage vous en feroit funefte.

Vous parlez plus fenfément, lorfque vous dites, *p. 3*, qu'*on ne fauroit apporter trop de précaution dans la découverte de ces fortes de complots*. Vous admirez la fageffe & la prudence du Roi de Portugal & de fon Confeil dans la découverte de celui qui a éclaté par l'attentat du 3 Septembre, & vous en concluez que *ceux*, *p. 4*, *qui font innocens, ne doivent pas appréhender d'être enveloppés avec les coupables*. Les éloges que vous donnez au Prince & à fon Confeil, & la conféquence que vous en tirez, font également juftes.

Mais à quoi penfiez-vous, M. R. P.,

en écrivant les lignes suivantes : « Lorsque
» je parle, *pag.* 4, d'innocens, vous
» comprenez, Monsieur, que je veux
» parler des Révérends Peres Jésuites, qui
» se trouvent malheureusement impliqués
» dans cette affaire ». Celui à qui vous
écriviez, étoit-il donc si étranger dans le
monde, qu'il n'eût point lu la Sentence
de Lisbonne du 12 Janvier dernier ? S'il
l'avoit lue, ou s'il en avoit seulement en-
tendu parler, comment pouvoit-il se faire
que sous le nom d'*innocens*, il comprît
d'avance que vous vouliez parler des Jésuites ; & non pas seulement des Jésuites
en général, mais même de ceux de ces
Peres *qui se trouvent impliqués dans cette
affaire ?* Quoi ! Du premier mot vous les
déclarez *innocens*, & vous supposez que le
Lecteur le comprend, avant même qu'on le
lui dise, lorsqu'il résulte de tous les Actes
du procès & de presque tous les articles
de la Sentence, que *le Régime de ces Religieux s'est établi l'un des trois principaux
chefs de cette abominable conjuration !* C'est
ainsi que s'exprime le Roi de Portugal
lui-même dans ses Lettres du 19 Janvier.
Vous le savez. Toute l'Europe le sait aussi.
Et vous dites qu'en parlant d'innocens,
on comprend que c'est des Jésuites que
vous voulez parler ! Je laisse aux Lecteurs
à caractériser ce trait.

Ce qui fuit immédiatement dans votre Lettre, forme une contradiction caractérifée avec ce qui précéde. *Ceux d'entre-eux*, dites-vous, *qui fe trouveront coupables, doivent être punis dans toute la rigueur des Loix.* Vous fuppofez donc qu'il s'en trouvera de coupables. Et dans la phrafe précédente vous les donniez pour innocens avec une telle affurance, que vous prétendiez que la penfée des Lecteurs vous avoit même prévenu à cet égard, dès que vous aviez prononcé ce mot d'*innocens*. Dira-t-on que, quand vous fuppofez des Jéfuites coupables, vous entendez faire une fuppofition *de impoffibili ?* Si cela étoit, vous vous feriez énoncé moins crûment, & vous n'auriez pas ajouté en termes fi abfolus : *Nous applaudirons à leur fupplice.*

L'embarras qui regne dans votre langage, vient de deux confidérations qui fe combattent. Vous avez entrepris de décharger généralement les Jéfuites de toute complicité dans l'attentat. C'eft ce qui vous fait prendre un ton ferme, quand vous voulez attefter leur innocence. Mais tout le tiffu de la Sentence de Lisbonne vous laiffe au fond de l'ame, des craintes fur l'innocence réelle & fur le fort futur de ceux qui font en prifon. C'eft ce qui vous a déterminé à vous ménager une porte de derriere pour fauver le corps de la Société, en abandonnant comme membres pourris, ceux que tous vos efforts n'auroient pu souſtraire au châtiment.

Nous applaudirons, dites - vous, *à leur ſupplice*. Cet air d'équité que vous affectez en pluſieurs endroits, ſemble bien n'être deſtiné qu'à tromper vos Lecteurs. La preuve en eſt que vous le démentez plus ſouvent encore que vous ne le montrez. Quelle équité y a-t-il en effet à reconnoître que vos Confreres doivent être punis, s'ils ſont coupables de parricide & de haute trahiſon, pendant que malgré la conviction qui en a été acquiſe, vous conteſtez la réalité de leur crime ſous les pretextes les moins ſpécieux ; pendant que vous accuſez ainſi de prévarication les Juges qui les ont déclarés criminels ; pendant que vous hazardez cette accuſation qui retombe ſur le Roi même, ſans pouvoir l'appuyer d'aucun ombre de preuves ? L'équité ne conſiſte point à condanner le crime en général, mais à le condanner dans ceux qui le commettent ; à ſe rendre aux preuves légales qui le conſtatent ; à reſpecter la déciſion de Juges irreprochables qui le déclarent prouvé. Votre Lettre d'un bout à l'autre eſt un violement indécent de toutes ces règles. Il ne faut que la lire, même ſans commentaire, pour s'en convaincre.

Mais arrêtons - nous ici ſur la ſurpriſe

que vous témoignez , *p.* 5 , du déchaînement qui s'eſt élevé contre votre Société
à la lecture du Jugement de Lisbonne.
Cette ſurpriſe , ſelon toute apparence , eſt
feinte. Car en liſant vous-même la Sentence du 12 Janvier , il n'eſt pas poſſible
que vous n'ayez ſenti que ce qu'elle contient à la charge de vos Confreres , devoit
exciter de toutes parts un cri d'indignation contre eux. Qui peut en effet n'être
pas ému , en y voyant vos Peres « faire
» avec le Duc d'Aveiro de communes dé-
» libérations dont le réſultat étoit que
» l'unique moyen par lequel on pouvoit
» parvenir à changer le gouvernement,...
» étoit de complotter la mort du Roi ;
» promettre à ce Duc une avantageuſe
» indemnité pour l'exécution de cet infer-
» nal parricide ; décider que le Parricide
» qui tueroit Sa Majeſté , ne ſeroit pas
» même coupable d'un péché véniel ; tra-
» vailler à faire entrer dans cette conjura-
» tion la Marquiſe de Tavora ; ſe ſervir
» de cette Dame pour attirer ſa famille
» ſous leur direction, & en ſéduire les dif-
» férens membres par leurs déciſions &
» leurs déteſtables enſeignemens ? » Peut-
on voir ſans émotion de pareils horreurs ?

Si la publication de la Sentence a été
ſuivie de nouvelles peu flatteuſes pour vous,
mais intéreſſantes pour le Public , rien en

cela ne doit étonner. Vous n'ignorez pas combien les grands événemens excitent la curiofité des hommes, & avec quel goût ils recueillent toutes les anecdotes qui y ont du rapport. Il y en a eu de hazardées parmi celles qu'on a débitées; mais c'eft chofe trop commune & trop excufable pour s'en plaindre férieufement. Pour moi, je laiffe volontiers ces nouvelles pour ce qu'elles font. Je m'en tiens à la Sentence du 12 Janvier, à la Lettre circulaire du Roi adreffée le 16 à tous les Evêques de fon Royaume, au Manifefte qui accompagne cette Lettre, à l'Ordonnance enfin ou Lettres Royales du 19. Ce font-là des pièces authentiques & d'une autorité irréfragable. Elles font accablantes pour vous. C'eft de l'impreffion qui en réfulte, non feulement contre vos Peres Malagrida, Matos, Alexandre & autres qui font entrés directement dans la conjuration; mais encore contre la Société entiere, que vous auriez à vous défendre, s'il étoit poffible d'y réuffir. Vous le tentez. Mais que vos efforts font vains !

Les Jéfuites, dites-vous, *page 6, accufés d'avoir trempé dans ce complot, ne paroiffent pas encore convaincus.* Y penfez-vous, mon Révérend Pére ? Quoi ! Le Roi de Portugal écrivant aux Evêques de fon Royaume & leur envoyant une copie de la Sentence

du 12 Janvier, dit « qu'ils y verront que
» le Régime corrompu des Religieux de la
» Compagnie de Jéſus s'eſt rendu, non
» ſeulement complice, mais encore chef
» principal des énormes crimes de léze-
» Majeſté au premier chef, de haute tra-
» hiſon & de parricide *qui ont été jugés*
» *par ladite Sentence* ; » & vous dites qu'ils
ne paroiſſent pas encore convaincus ! Qui
êtes-vous donc pour démentir auſſi éffronté-
ment un Roi, & un Roi parlant à tous les
Evêques de ſon Royaume ?

Mais ſur quoi fondez-vous un démenti
ſi formel & ſi indécent ? C'eſt qu'*il y a lieu
de croire*, ſelon vous, *p. 6, que ſi les Jéſuites
avoient été convaincus, ils auroient été réunis
dans le ſupplice avec les autres conjurés.* Foi-
ble préſomption, que vous détruiſez vous-
même, *Ibid.* en ajoûtant, que *peut-être le
Conſeil de Sa Majeſté auroit jugé à propos de
ſuſpendre pour quelque tems leur punition.*

Pour moi, je vais plus loin, & je ſou-
tiens que, quand des conſidérations, de
quelque genre qu'elles ſoient, épargne-
roient aux Jéſuites priſonniers à Lisbonne
le dernier ſupplice, ils n'en demeureroient
pas moins convaincus, non ſeulement d'a-
voir trempé dans le complot, mais encore
d'en avoir été les chefs principaux. La Sentence le déclare en dix endroits. Elle eſt
donnée ſur le vû des actes de la procédure,

fur la confeſſion de la plus grande partie des coupables, & ſur les autres pièces jointes au procès. Le premier article de cette Sentence commence par ces mots tranchans & déciſifs : Il eſt pleinement prouvé : *Plenamente ſe provado.* Tous les articles ſuivans commencent par ces mots : Il eſt encore démontré : *Moſtra ſe mais.* Ce ſont les expreſſions de ſtyle pour déclarer la conviction des coupables. Il n'y en a point de plus fortes dans la Sentence contre le Duc d'Aveiro & les autres criminels qu'elle condamne. Les termes qu'elle emploie quand il s'agit de la part qu'ont eu vos Péres à l'attentat, ſont les mêmes dont elle uſe pour caractériſer celle des autres chefs & complices qui ont été ſuppliciés. Direz-vous que le terme de conviction n'y eſt pas ? Je répondrai, 1.° qu'il n'eſt pas ſans doute de ſtyle en Portugal comme en France, puiſqu'il n'eſt pas employé à l'égard des ſuppliciés ; 2.° qu'il eſt ſuffiſamment ſuppléé par des termes ſinonimes ; 3.° que ſi vous le croyez eſſentiel & ſeul déciſif, vous le trouverez appliqué à vos Peres dans le Manifeſte adreſſé par le Roi à tous les Evêques de ſon Royaume : « Maintenant, y eſt-il dit, par ce procès » ils ſe trouvent pleinement & manifeſte- » ment *convaincus* de leurs abominables » forfaits. » *De pois haverem ſido* CONVE-

*NEIDOS daquelles abominaveis crimes taõ
natoria e manifeſtamente pelo dito proceſſo.*
Et de quels forfaits ? « D'avoir conſeillé,
» tramé, complotté & fait exécuter le par-
» ricide du 3 Septembre. » *A conſelharao,
contra tanao e promoverao aquelle horroroziſimo inſulto de 3 de Setembro.* Page 32 de
l'édition de Lisbonne.

Après des déclarations ſi préciſes, ſi ré-
pétées & ſi ſolennelles du crime de vos
Péres, l'impunité, s'ils l'obtenoient, ne
ſauroit jamais être qu'une grace, & une
grace très-étonnante, quand même vous
réuſſiriez à lui faire donner un autre nom ;
& jamais elle ne les laveroit de la tache in-
fâmante qu'ont imprimé ſur eux la Sentence du 12 Janvier, la Lettre & le Manifeſte
du 16, & enfin l'Ordonnance ou Lettres
Royales du 19.

Vous êtes plus excuſable quand vous
eſſayez de décharger le corps dè la Société de la honte qui réjaillit ſur elle de
cet événement. Les lieux communs vien-
nent ici à votre ſecours. Mais leur applica-
tion eſt ſouvent fautive. Ainſi, quoiqu'il
ſoit vrai que *les forfaits de quelques ſcélérats
qui peuvent ſe trouver dans des Compagnies nombreuſes, ne doivent pas imprimer
ſur tout le corps une marque d'infamie*, cette
maxime générale ne peut vous ſervir de
rien dans le cas préſent. Vous convenez ,

A vj

p. 7, que pre(que tout le Public a voulu rendre les Jésuites en général responsables de cette conjuration. Croyez-vous que ce soit précisément parce que les Peres Malagrida, Matos, Alexandre & autres complices font de votre Société ? Vous vous tromperiez fort. Deux choses ont formé & justifient cette impression publique. La première est le concours de plusieurs circonstances de cet événement qui font à la charge des chefs de la Société, & par conséquent de la Société entiere. Vous les trouverez déduites dans la brochure intitulée, *Réflexions sur l'attentat commis le 3 Septemb., &c.* Ecrit qui a paru plus d'un mois avant la publication de votre Lettre, & qui ne devoit pas vous être inconnu, dès que vous vouliez entreprendre la défense de votre Compagnie. La seconde chose qui a formé l'impression dont vous vous plaignez, c'est la licence & la corruption de votre morale. Car on a droit de présumer, indépendamment de toute preuve, que vous êtes capables de faire ce que vous croyez légitime.

Quand vous dites, *p. 1*, que l'attentat contre la vie des Rois est le plus grand de tous les crimes, vous n'êtes qu'un anonime fans conséquence. Mais vos Théologiens fans nombre qui enfeignent le contraire, & dont les leçons fanguinaires font décorées du titre de décifions théologiques &

morales, votre P. Busembaum, son commentateur Lacroix, vos Journalistes de Trévoux qui en ont fait les éloges, votre P. Zacchéria qui en a pris la défense, & qui avertit que les désaveux récens des Jésuites de France sont des actes forcés, qui ne préjudicient point à l'attachement universel de la Société pour la doctrine de ce Busembaum; votre Pere de Dessus-le-pont qui n'a point craint de se déclarer pour ce misérable Théologien, après en avoir lui même réprouvé la doctrine devant le Parlement de Bretagne: ce sont-là autant de témoins irréprochables qui déposent, sans qu'il soit possible d'en douter, que la doctrine qui permet d'attenter à la vie des Rois, même pour un intérêt temporel, est la doctrine propre & universelle de votre Société. On a vû récemment entre les mains de vos partisans une Lettre clandestine de quelqu'un de vos Confréres, où, parlant avec cette liberté de cœur dont on use avec des amis, il traite le Duc d'Aveiro d'*illustre infortuné*, excuse son attentat par une prétendue raison d'honneur, & met en problême *s'il a été permis ou non* à ce Duc d'en venir jusqu'à tuer son Roi.

Cet article de votre doctrine est sans doute le dernier terme des excès de la Société en matiere de morale. Mais ses autres écarts, pour ne pas égaler celui-là,

ne perdent rien de leur turpitude. Je ne
fors point de mon fujet en les rappellant,
puifque vous en parlez vous-même pour
vous en juftifier. Le Roi de Portugal, dans
le Manifefte qu'il a adreffé aux Evêques
de fon Royaume, vient de produire un
échantillon de vos maximes, qui eût fait
rougir tout autre que des Jéfuites. Pour
vous, mon Pere, vous aimez mieux payer
d'effronterie. *Nous fommes les premiers, dites-vous, p.* 48, *à détefter & à profcrire ces
maximes pernicieufes.* On diroit que vous
écrivez pour le Monomotapa. Car en Europe le contraire eft, non feulement d'une
notoriété publique, mais encore prouvé par
des actes authentiques. En remontant jufqu'au fiècle dernier, je vous demanderois
fi, lorfque M. Pafcal dévoila aux yeux du
Royaume votre morale corrompue, vos devanciers furent les premiers à la détefter &
à la profcrire; s'ils ne furent pas prévenus
par les plaintes du Clergé du fecond ordre
& par les cenfures des Evêques; fi au contraire, bien loin de déférer à ces cenfures,
ils ne publierent pas des apologies de cette
morale, mais des apologies fi infâmes elles-
mêmes, qu'elles furent également flétries par
les Evêques & par le S. Siège. Defcendons
à nos tems. Avez-vous été les premiers à
détefter & à profcrire les relâchemens in-
croyables du P. Pichon ? Avez-vous été les

premiers à détester & à proscrire les erreurs de tout genre répandues dans la seconde partie de l'Histoire du Peuple de Dieu par votre Pere Berruyer ? Avez - vous été les premiers à détester & à proscrire les maximes pernicieuses de votre Busembaum & de ses nouveaux commentateurs & éditeurs ? N'avez-vous pas été prévenus dans ces trois occasions par nos Evêques & par nos Magistrats ? Ne font-ce pas leurs plaintes qui vous ont arraché ces déclarations tardives & de pure cérémonie, par lesquelles vous désavouez les excès de ces Auteurs : déclarations accordées, moins à la force de la vérité, moins même à l'indignation publique, qu'à l'appréhension d'être mis en cause : ou au desir de ménager auprès de vos protecteurs un crédit que vous voyiez s'ébranler ? Ce n'est point ici une conjecture : les faits le disoient assez : mais votre Pere Zacchéria nous l'a expressément confirmé. Et vous osez dire que vous êtes les premiers à détester & à proscrire ces maximes pernicieuses ! Lorsque vous avancez un fait si notoirement faux, comment votre plume n'a-t-elle pas refusé son ministere à une impudence qu'il étoit si aisé de confondre ?

Vous ajoûtez, *page 48*, que toutes les maximes qu'on a reprochées aux Jésuites, ont été enseignées par des auteurs des autres

Ordres Réligieux avant & après l'établisse-
ment de votre Société. C'est beaucoup que
de dire *toutes*. Il faudroit avoir lû des bi-
bliotheques pour pouvoir vous démentir
fur ce fait, & mon érudition ne va point
encore jufques-là. Mais les autres Ordres
Religieux ont abandonné univerfellement
ces maximes, après qu'elles ont été cenfu-
rées par le S. Siége & par les Evêques; & fi
quelques particuliers en ont depuis enfei-
gné quelqu'une, c'est contre la doctrine
commune de leur Ordre. Jamais, comme
dans votre Société, les Supérieurs n'ont
pris la défenfe ou la protection des délin-
quans : jamais les écarts de ces particuliers
ne font devenus des affaires d'Etat, comme
le difoit M. de Saint Pons, Prélat d'ailleurs
de vos amis, à l'occafion de vos intrigues
en faveur du Pichonifme.

C'est la confidération de ces maximes
pernicieufes & de l'ufage que votre politique en fait faire, qui donne à l'événement
de Lisbonne un degré d'importance qu'il
n'auroit point, s'il n'avoit eu pour auteurs
que le Duc d'Aveiro, & la maifon de Tavora. Tel est auffi le motif de l'attention
qu'a eu le Roi de Portugal d'y intéreffer
toute la Chrétienté, par la publication, foit
de la Sentence rendue contre les criminels,
foit du Manifefte où font expofées les
erreurs impies & féditieufes enfeignées par

vos Peres. Vous paroiſſez ſurpris de ce procédé. Vous obſervez, *p.* 46, que « les » Princes ne répandent des Manifeſtes que » pour faire connoître aux autres Poten- » tats le ſujet des guerres qu'ils entrepren- » nent, la juſtice de la cauſe qu'ils défen- » dent, & la régularité de leur conduite. » Mais que dans leurs affaires particulieres, » ils ne font pas obligés de rendre compte » de leurs actions. » Tout cela eſt vrai. Pourquoi donc le Roi de Portugal occupe-t-il l'Europe de l'attentat commis contre ſa vie ? Pourquoi n'a-t-il pas borné ſes ſoins à en découvrir & en punir les auteurs ? Pourquoi publier un recueil des erreurs an-ciennes de votre Société ſur le droit de diffamer ſes adverſaires, même par la ca-lomnie, ſur le menſonge & le parjure, ſur l'homicide, & notamment ſur le meur-tre des Rois ? Faut-il vous le dire ? C'eſt parce que le forfait dont il s'agit n'eſt pas un acte ſans conſéquence de quelques par-ticuliers iſolés, mais le fruit naturel des principes & du ſyſtème de votre Société, c'eſt-à-dire d'un corps d'hommes répandu dans tous les Etats Catholiques, animés par tout du même eſprit, dont la doctrine ſé-ditieuſe attaque la ſûreté de tous les Prin-ces, & dont l'artifice cache ſous les dehors les plus doux & les plus modeſtes un cœur conſciencieuſement barbare & ſanguinaire, un mépris audacieux de toute souveraineté. Il falloit en convaincre toutes les Cours, l'intérêt commun des Rois l'exigeoit. Il falloit en inftruire tous les peuples Catholiques, l'intérêt de la Religion l'exigeoit également. Il falloit, en le publiant par tout, ruiner par tout, s'il étoit poffible, votre crédit. L'intérêt perfonnel du Roi de Portugal l'exigeoit encore. Car fi votre Société demeure accréditée dans les autres Etats, ce Prince n'eft point en fûreté dans le fien, & il faudra tôt ou tard qu'il cede à vos intrigues & qu'il s'afferviffe à votre ambition, ou qu'il fuccombe fous vos coups. Ceffez donc d'être furpris de l'éclat que le Confeil de Sa Majefté Très-Fidéle a donné à l'événement du 3 Septembre 1758. Toutes fortes de motifs le juftifient. Il a d'ailleurs été dirigé par cette Providence à laquelle rien ne fe fouftrait, & qui a voulu que votre turpitude fût dévoilée aux yeux de ceux mêmes que vous féduifiez depuis fi long-tems. Quel malheur, fi le dernier trait de votre perverfité ne fuffifoit pas encore pour diffiper l'enchantement formé par votre hypocrifie !

Envain, pour écarter l'impreffion qui naît des maximes de votre Société recueillies dans le Manifefte, en concluez-vous, *p.* 47, que « l'auteur fe défie de la réalité » des accufations intentées contre les Jé-

» fuites, puifqu'il va chercher des preu-
» ves fi reculées pour les en convaincre. »
Cette induction eft mal tirée. L'auteur
n'apporte point vos maximes en preuve
de la part que vos Peres ont prife à l'attentat. Il fait & il confirme que par la procédure *il eft juftifié .... que les Jéfuites décidoient que le Parricide qui tueroit le Roi,
ne feroit pas même coupable d'un péché véniel : .. qu'ils ont féduit, & attiré dans cette
conjuration* plufieurs des complices, *par
leurs décifions & leurs déteftables enfeignemens.* Voilà les faits dont *ils font convaincus* & dont la preuve eft au procès. Le
recueil de vos erreurs impies & féditieufes a une autre deftination. C'eft de montrer les principes & le genre d'autorités
fur lefquels *ces décifions & ces déteftables enfeignemens* étoient fondés. Vous cherchez
donc à nous donner le change, en nous
préfentant ce recueil comme un fupplément au défaut de preuves convaincantes de la complicité de vos Confreres, &
fupplément infuffifant, puifque les auteurs
qu'on y cite, font antérieurs à l'attentat.
Ils le font fans doute. Mais leurs fuccef-
feurs ont adopté leurs principes & les ont
mis en pratique dans cette occafion. Cela
eft *prouvé, juftifié, démontré* dans la procédure. Ils en font *convaincus.* Toute votre
rhétorique ne détruira pas cette convic-

tion. Elle n'affoiblira pas non plus l'impreſſion qui réſulte du Manifeſte, & qui vous convainc que la doctrine régicide de vos devanciers eſt enccore aujourd'hui la doctrine conſtante de votre Société, laquelle n'a jamais abandonné ſincérement ni cette article, ni aucun autre de votre morale corrompue.

Je ne quitterai point ce ſujet ſans relever la note que vous avez miſe au bas de la page 49. Vous y rapportez contre les Lettres Provinciales un trait de Voltaire, *qui*, ſelon votre jugement, *eſt écrit avec autant de bon ſens que d'impartialité*. Pour en mieux perſuader les Lecteurs, vous obſervez qu'on n'accuſera ſurement pas ce Poëte de prévention en faveur des Jéſuites. J'obſerve à mon tour qu'il a ſuffi que Voltaire ait jetté une pierre contre M. Paſcal, pour mériter vos éloges. Mais n'avez-vous pas remarqué dans la lecture de l'hiſtoire dont vous avez pris cet extrait, que c'eſt preſque uniquement ſur les gens de mérite que tombent les ſatires dont ſon auteur l'a parſemée ; qu'il a pris à tâche d'y rabaiſſer tous les grands hommes en tout genre ; moins pour avilir l'humanité, objet d'ailleurs qui n'eſt pas indifférent à un Philoſophe de ſa trempe, que pour s'élever lui-même & faire parade de ſon diſcernement, de la ſupériorité d'eſprit qu'il s'attribue, & d'une perfpicacité qui lui fait trouver des défauts dans les talens & les vertus de tous les autres ? Car qui l'étudiera bien dans les productions dont il inonde & furcharge le Public, verra combien il eft à lui-même fa propre idole; & qu'il écrit moins, foit en profe foit en vers, pour inftruire les hommes, que pour les occuper de lui, & exciter en eux pour fes talens l'admiration dont il eft épris lui-même. Le jugement d'un tel homme contre M. Pafcal eft abfolument fans conféquence. M. Pafcal étoit un homme qui joignoit à un génie fupérieur une folide piété. Il avoit d'ailleurs écrit pour la Religion contre les Incrédules. A ces trois titres il devoit être en butte aux traits de Voltaire. Voulez-vous une preuve qu'il a parlé au hazard des Provinciales, & uniquement pour avoir le plaifir malin de critiquer ce grand homme ? La voici : *On attribuoit adroitement*, dit-il, *à toute la Société des opinions extravagantes de quelques Jéfuites Efpagnols & Flamands*. Il ne faut qu'ouvrir les Provinciales pour y trouver à chaque pas des Jéfuites François imbus des mêmes maximes que leurs Confreres étrangers, & auffi antichés de la probabilité, fource univerfelle de toute forte d'égarement en matiere de morale. Laiffez donc là votre M. Voltaire, mon Révérend

Pere ; il eſt plus honorable de l'avoir pour cenſeur, que pour apologiſte, ſur-tout dans les matieres qui de près ou de loin intéreſſent la Religion.

Je reviens à votre Lettre. Les efforts que vous y faites pour laver votre Société de l'opprobre qu'a jetté ſur elle depuis cent ans la morale corrompue dont elle fait profeſſion, ne ſont propres qu'à accroître ſa honte, en donnant lieu de mettre ſous les yeux du Public les preuves toujours nouvelles de ſon attachement opiniâtre à la doctrine perverſe qu'elle a une fois ſoutenue. Vous venez de l'éprouver par rapport aux maximes qui intéreſ-ſent la ſûreté des Rois. Il demeure prouvé que votre Société ne les a jamais abandonnées, & qu'elle croit aujourd'hui comme autre fois qu'il eſt permis à un Sujet d'attenter à la vie de ſon Prince, ne fût-ce que pour la conſervation d'un doigt de ſa main, & par conſéquent pour tout intérêt équivalent. Or vous aviez, tout le monde le ſait, un très-grand intérêt à la mort du Roi de Portugal. C'eſt dans ces circonſtances qu'il a été aſſaſſiné, par l'effet d'une conſpiration dans laquelle le Régime de vos Peres eſt entré comme un des chefs principaux. Quel titre plus dé-ciſif pour attribuer à un Corps une action d'éclat de quelques-uns de ſes membres, que lorſque cette action eſt faite ſelon les principes du Corps , pour l'intérêt du Corps & par l'impreſſion de ſes Supérieurs ? Or tel eſt votre cas dans l'affaire de Liſbonne. On l'a démontré , & le jugement du Public avoit prévenu la démonſtration. De là ce déchaînement univerſel dont vous vous plaignez & qui ſemble vous étonner, mais qui ſûrement vous fatigue plus qu'il ne vous étonne.

Je ne ſais au reſte pourquoi vous taxez, *page 7*, de *faux préjugé* cette diſpoſition *commune qui nous fait regarder comme déſhonorées , les Familles ou les Sociétés auſquelles ſont atttachés ceux qui ont mérité de ſubir les rigueurs de la Juſtice.* Il ne ſeroit peut-être pas difficile de montrer que ce ſentiment, renfermé dans certaines bornes, eſt juſte, raiſonnable, & même fondé ſur les Livres Saints. Mais ne fût-il qu'un préjugé , il eſt reſpectable par l'horreur du crime qui ſemble en être le principe. Il eſt utile , parce qu'il oblige les chefs des Familles ou des Compagnies de veiller avec plus de ſoin ſur leurs inférieurs, pour ne pas partager la honte des écarts où quelques-uns d'entre eux pourroient tomber. Pourquoi donc voudriez-vous que nous nous défiſſions de ce préjugé ? Ne ſeroit-ce pas par intérêt , & parce que les excès trop multipliés de pluſieurs de vos Confreres impriment fur toute votre Compagnie une tache dont vous voudriez la laver ? Vous n'y réuffirez point, & vos efforts à cet égard feront à peu près auffi inutiles, que ceux que vous faites pour juftifier en particulier vos Peres Portugais condamnés par la Sentence de Lisbonne.

Vous dites, *p. 7*, que « les perfonnes » fenfées, & même plufieurs de celles qui » font le plus oppofées aux Jéfuites, ont » reconnu qu'il n'y avoit encore dans le » Jugement aucune conviction contre » eux. » Quelles font donc ces perfonnes? La fiction les multiplie aifément, fur-tout lorfque l'intérêt eft de la partie. Pour moi, je vous ai fait voir que vos Peres étoient déclarés coupables dans les mêmes termes précifément que le Duc d'Aveiro & les autres fuppliciés. Je vous ai montré de plus que le terme de *conviction*, fur lequel vous infiftez comme feul décifif, leur étoit perfonnellement appliqué dans le Manifefte joint à la Lettre circulaire écrite aux Évêques le 16 Janvier. Quelles preuves oppoferez-vous?

En matiere criminelle les moyens de défenfe que peuvent employer les accufés ou leurs apologiftes, font déterminés par les Loix & par les Ordonnances. Ils confiftent dans de juftes reproches contre les témoins, dans des motifs légitimes de récufa-tion

tion par rapport aux Juges, dans des preuves convaincantes qui détruiroient l'exiſtence réelle du corps de délit, ou qui établiroient l'*alibi* des accuſés. Tout ce qui n'eſt que poſſibilités, conjectures & raiſonnemens, eſt réprouvé comme futile & illuſoire. La juſtice & la néceſſité de ces regles ſe font ſentir d'elles-mêmes. C'eſt par elles qu'il faut juger des défenſes que vous produiſez en faveur de vos Confreres.

« Si les maiſons des Jéſuites, dites-vous, » ſont inveſties, s'ils ſont gardés à vûe, ſi » on ne les laiſſe parler à perſonne, ce » n'eſt pas une marque de conviction. » Qui en doute? Auſſi n'eſt-ce pas ſur cela que le Public croit le Régime des Jéſuites convaincu d'être non ſeulement complice, mais encore chef principal de l'attentat du 3 Septembre. Il le croit ſur le texte de la Sentence qui le déclare. Il le croit encore ſur la parole du Roi de Portugal, qui le confirme dans ſa Lettre aux Evêques, dans le Manifeſte qui y eſt joint, & dans ſes Lettres Royales du 19 Janvier.

Vous prétendez que ce qui eſt dit dans le n.° 3 de la Sentence au ſujet de la réconciliation du Duc d'Aveiro avec vos Peres, & des effets funeſtes qui en ſont réſultés, n'eſt, *page 10*, qu'un *diſcours vague* & *une déclamation inutile, qui ne fourniſſent pas des preuves que les Jéſuites ſoient coupables.* On pourroit vous pardonner cette licence, ſi vous raiſonniez ſur un Acte de dénonciation ou ſur une Requête en plainte. Ces ſortes de pièces conſiſtent en allégations qui précédent les preuves juridiques. Mais oubliez-vous qu'il s'agit ici d'une Sentence ? Et faut-il vous apprendre qu'une Sentence en matiere criminelle ne contient point les preuves des crimes qu'elle condanne, mais qu'elle conſiſte eſſentiellement à les déclarer prouvés par les Actes de la procédure ? C'eſt ce que fait en particulier celle du 12 Janvier, comme toutes les autres du même genre. Relever, comme vous le faites, qu'elle ne fournit pas de preuves, c'eſt heurter le ſens commun, & méconnoître les formalités les plus triviales.

Au moyen de cette obſervation, j'aurois droit de mépriſer tout ce que vous dites pour expliquer la réconciliation du Duc d'Aveiro avec les Jéſuites, & pour montrer qu'elle a pu être innocente de leur part. Mais il ne ſera pas inutile de vous rendre ſenſible le faux de vos raiſonnemens ſur ce point. A vous entendre, la réconciliation du Duc d'Aveiro avec les Jéſuites étoit choſe impoſſible, à moins que ce Seigneur n'ait pris le voile de l'hipocriſie pour leur en impoſer ſur ſa conduite. Dans ce cas même vous croyez que, *p. 13*, « les Jésuites se sont mis sur la dé- » fiance, se sont tenus extérieurement » avec lui dans une honnête réserve, & » qu'ils n'ont eu aucune part à ses com- » plots. » Je conviens avec vous qu'un scélérat demeurant tel ne peut se réconci- lier avec un honnête homme dont il est l'ennemi, qu'en se couvrant du masque de l'hipocrisie. Mais il n'en est pas ainsi de deux ennemis aussi scélérats l'un que l'au- tre. Il leur suffit pour se réconcilier, jus- qu'à devenir amis intimes, d'être animés d'une haine commune contre quelqu'un dont ils souhaitent la perte, quoique par des motifs ou des intérêts différens. Si cette haine devient leur passion dominante, & qu'ils aient lieu de se la découvrir l'un à l'autre, ils lui sacrifieront bientôt leurs an- tipathies personnelles, & ils s'uniront aisé- ment contre celui qu'ils veulent perdre. Or tel est le cas du Duc d'Aveiro & de vos Peres de Portugal. Les Actes de la pro- cédure le prouvent, la Sentence le déclare. Que font vos conjectures pour l'infirmer ?

Vous n'êtes pas plus heureux dans l'ex- plication que vous donnez à la liaison de la Marquise de Tavora *p. 14*, avec votre Pere Gabriel Malagrida. Vous supposez qu'elle s'est mise sous sa direction, pour « se donner la réputation d'une Femme

» vertueuse, & faire détourner les yeux
» de sa conduite criminelle. » On pourroit le présumer avec vous, si l'on ne
sçavoit positivement le contraire. Et comment le sçait-on ? Par la Sentence.

Vous demandez, *Ibid.*, si la Marquise
de Tavora a déclaré dans son interroga-
toire qu'elle ait engagé le Pere Malagrida
de s'associer à cet horrible complot; si
dans la confrontation elle l'a soutenu au
Pere Malagrida; & vous convenez que,
s'il a été convaincu, il doit être livré à
la Justice.

Je réponds à vos questions qu'elles sont
mal proposées, & qu'elles ne sont pas
rélatives au prononcé du Jugement. Il ne
porte pas que la Marquise ait engagé le
Pere Malagrida dans le complot. Vos
Confreres Portugais, parmi lesquels le P.
Malagrida joue le principal rolle, sont
déclarés chefs du complot, & la Marquise
l'est aussi. Leur haine contre le Roi &
contre le gouvernement, quoique née de
causes fort disparates, les a rapprochés
par une espéce de sympathie, ou plutôt
par cette sagesse & cette prudence dia-
bolique, que les passions fortes savent si
bien mettre en œuvre pour parvenir à leurs
fins. Réunis ainsi dans le même projet,
le Pere Malagrida & la Marquise se sont
servis l'un de l'autre pour le faire réussir,

par les moyens exposés dans la Sentence.
« Comme il ne paroît pas jusqu'ici, dites-
» vous, *p.* 15, que les preuves de ce
» concert ayent été rapportées, on ne peut
» s'empêcher de douter fortement que ce
» Jésuite soit complice ». Falloit-il donc
pour prévenir votre doute, que les preuves que vous demandez fussent rapportées
dans la Sentence ? C'est une absurdité
inconcevable, & qui n'est jamais tombée
dans l'esprit d'un homme sensé. Citez-moi
quelque Arrêt de mort qui contienne les
preuves du forfait des condannés. En avez-
vous trouvé quelqu'une dans l'Arrêt contre
l'infâme Damiens ? Ne se borne-t il pas,
comme tout autre jugement de ce genre,
à le déclarer coupable de l'assassinat du 5
Janvier ? Où sont donc, me répéterez-
vous, les preuves du concert criminel dont
on parle entre le Pere Malagrida & la
Marquise ? A leur place, au Greffe du
Tribunal de l'*Inconfidence.* C'est là que vous
les trouverez, parceque c'est là uniquement
qu'elles doivent être.

Vous épiloguez, *Ibid.* sur la note
mise au bas de la page 9 du Jugement de
Lisbonne, dans l'édition de Paris. Comme
cette note n'est point dans le Jugement
tel qu'il a été publié en Portugal, je
pourrois me dispenser de répondre aux
observations critiques que vous y opposez.

B iij

Mais il faut vous fuivre par tout, & je dis d'abord qu'il eft affez indifférent que le Pere Malagrida ait été attiré exprès d'Italie pour jouer le perfonnage de Prophête, ou qu'étant déja à Lisbonne pour tel autre motif qu'il vous plaira, il foit entré dans le complot & qu'il y ait fait réellement ce perfonnage. Or la chofe n'eft pas douteufe. Relifez l'article 26 de la Sentence : vous y trouverez que vos Peres « débitoient en perfonne & par leurs
» adhérans jufqu'à la fin du mois d'Août
» dernier, que la vie de Sa Majefté ne
» feroit pas de longue durée ; que par
» tous les courriers ils donnoient avis dans
» tous les pays de l'Europe que le mois
» de Septembre feroit le dernier de cette
» augufte & très - précieufe vie ; qu'en
» même tems Gabriel Malagrida écrivoit
» à différentes perfonnes de cette Capitale
» ces affreufes prédictions avec un ton de
» Prophête ». Ce ne font pas là des allégations à vérifier & à conftater ; c'eft un prononcé de Juges fur un vû de piéces & fur des dépofitions de témoins.

Qu'avez vous à répondre, mon Révérend Pere. « Il paroît fort fingulier, dites-
» vous, *page* 15, qu'on eût fait venir
» exprès ce Jéfuite Italien, qui proba-
» blement connoiffoit peu la Cour de Por-
» tugal, & les intérêts différens des Sei-

» gneurs Portugais , pour lui faire jouer
» le perſonnage qu'on lui impute ». Un
fait qu'on allégue , paroît ſingulier : donc
il eſt faux. Plaiſante façon de raiſonner !
Prenez-vous vos Lecteurs pour des enfans ?
Le Jéſuite Italièn connoiſſoit peu la Cour
de Portugal & les intérêts différens des Sei-
gneurs Portugais. Mais ſes Confreres Jean
de Matos , Jean Alexandre & autres, ceux
en particulier qui avoient été Confeſſeurs
de la Cour , n'étoient-ils pas bien en état
de l'en inſtruire.

Vous avez ſenti vous-même la puérilité
de votre obſervation & vous l'abandonnez.
Mais vous y ſubſtituez une ſuppoſition qui
n'eſt pas plus ſenſée. C'eſt que, *p.* 15, « les
» Conjurés aient voulu abuſer de l'opinion
» qu'on avoit de la ſainteté de ce Jéſuite
» en ſe mettant ſous ſa conduite , pour
» cacher leurs criminelles pratiques ; auquel
» cas il ne ſeroit pas ſi coupable qu'on
» le dit , & il auroit pû lui-même être
» trompé ». Cette ſuppoſition eſt abſurde ,
parce que les Jéſuites étant diſgraciés à
la Cour de Portugal , qui pourſuivoit ac-
tuellement la réforme de ces Peres , les
Conjurés qui n'auroient penſé qu'à cacher
leurs criminelles pratiques n'auroient pas
choiſi un Directeur Jéſuite. Ils n'étoient
pas aſſez imbécilles pour penſer que l'opinion de la prétendue ſainteté du P. Mala-

grida fût un voile qui les couvrît aux yeux d'une Cour qui certainement ne regardoit pas les Jésuites comme des saints. Ils n'ignoroient pas qu'avoir des habitudes intimes avec vos Peres, c'étoit se rendre suspect. C'est pour cela que le Duc d'Aveiro recommandoit le secret à ses Domestiques sur les visites fréquentes que lui faisoient les Jésuites. Ce n'est donc pas par ruse & par artifice que les Conjurés se sont mis sous la direction du Pere Malagrida. Mais cette direction servoit à la formation du complot.

Au reste vous renversez l'ordre des choses : la plupart des complices de la conspiration n'y étoient point entrés avant que de se mettre sous la conduite du Pere Malagrida. C'est ce Jésuite qui a abusé de son ministere, pour les y engager : la Marquise de Tavora, par ses conseils & par les exhortations pathétiques contenues dans les lettres qu'elle en recevoit, persuadoit à sa famille de se mettre sous la direction de ce Jésuite, sans dire à ceux qu'elle lui envoyoit, quelles étoient leurs vues communes. Malagrida commençoit par s'assurer de leur confiance, avant que de les initier dans le Mystere. C'est lui & ses autres Confreres qui ont séduit ainsi le jeune Marquis de Tavora, Joseph-Marie de Tavora son frere, le Comte d'Atouguia

& son épouse. Tel est l'ordre des choses, selon qu'il est déclaré dans la Sentence & prouvé par les actes de la procédure. Jugez dès-lors si Malagrida n'est pas aussi coupable qu'on le dit, & s'il n'a été que trompé par les Conjurés.

Vous êtes honteux du personnage de Prophête, & par conséquent de faux Prophête, qu'il joue dans cette scène tragique ; & vous voudriez nous en faire douter par cela seul qu'il seroit absurde de le croire. « Ce seroit, dites-vous, *page 16*, » avoir bien mauvaise opinion des Por- » tugais, d'imaginer qu'ils eussent été assez » imbécilles pour donner dans de pareils » piéges, & pour leur faire approuver une » conjuration qui auroit été faite contre » la personne du Prince. Ils sont trop » instruits pour croire que Dieu donne le » don de prophétie , afin d'induire les » hommes dans de pareils crimes ; & au- » cun des Conjurés ne paroît convaincu » d'être entré dans la conspiration , dans » la vue de contribuer à l'accomplisse- » ment de ces prétendues prophéties. »

Il est aisé de donner aux faits une tournure qui les rende peu vraisemblables, quand on se permet de les altérer & de les changer. C'est ce que vous faites d'une manie-re étrange sur cet article. La Sentence ne dit nulle part que ce soit à l'égard des

Conjurés que Malagrida ait fait le perfonnage de Prophète, qu'il les ait engagés
par là dans la confpiration ; ni qu'ils aient
été convaincus d'y être entrés pour contribuer à l'accompliffement des prophéties. Celles de Malagrida étoient deftinées à préparer les efprits à la mort du
Roi, & à la faire regarder, quand elle
feroit arrivée, comme un coup du Ciel
révélé d'avance à un faint homme. Malagrida *écrivoit ces affreufes prédictions*, dit
la Sentence, *à diverfes perfonnes de Lifbonne, & les débitoit avec un ton de Prophéte*. Mais, elle ne dit pas que ces perfonnes fuffent membres de la conjuration. Quand elle parle du perfonnage de
cet hypocrite vis-à-vis des Conjurés, elle
ne lui impute que des *décifions* & des *enfeignemens déteftables*, & non des prophéties. Votre raifonnement eft donc fans
force, parce qu'il déguife le fait. Il ne
feroit pas neanmoins furprenant qu'après
avoir féduit les Conjurés par leurs leçons,
vos Peres les euffent encouragés à l'exécution du complot par une promeffe du
fuccès fondée fur quelque prétendue révélation faite à votre Prophète de théâtre.
Après tout, le perfonnage de Prophète attribué au Pere Malagrida eft declaré prouvé par les Actes de la procédure. Il eft
également ridicule & indécent d'attaquer

par des conjectures & des raisonnemens,
un Jugement si précis & si solennel.

Vous retombez dans la même faute par
rapport au N°. 10, de la Sentence. Il porte
qu'il y a preuve que, *p. 16*, « c'est par
» sa belle-mere que le Marquis de Tavora
» [vous deviez dire le Comte d'Atou-
» quia] a été seduit au point de suivre
» en tout & par tout les abominables sug-
» gestions de cette femme, & les détesta-
» bles enseignemens des Peres Jésuites,
» qui lui étoient insinués par les Peres
» Gabriel Malagrida, Jean de Matos, &
» Jean Alexandre, & de concevoir une
» grande aversion pour la personne royale
» de S. M. ». *Si cela est prouvé*, ajoutez-
vous, *il n'y a rien à répondre*. Taisez-vous
donc, mon Révérend Pere : car le Jugement déclare que cela est prouvé, & que
les preuves en sont dans les actes de la
procédure. Or c'est là uniquement qu'elles
doivent se trouver ; elles auroient été déplacées dans la Sentence.

En vain exigez-vous, *p. 16*, qu'on
mette de la différence entre ce criminel &
vos Peres, parce qu'il a été mis à mort, &
que vos Peres n'y sont pas condannés.
N'est-il pas évident que la suspension du
supplice ni même l'impunité ne fit jamais
une preuve d'innocence, pour des criminels qu'une sentence solennelle déclare

B vj

atteints & convaincus de tel & tel Forfait?
Or c'eſt le cas de vos Peres Portugais. Les
textes de la Sentence qui regardent les ſuppliciés, ne ſont ni plus déciſifs ni plus éner-
giques, que ceux qui regardent Malagrida & ſes Confreres.

Avant que de vous ſuivre dans les réflexions que vous oppoſez aux préſomp-
tions de droit diſcutées dans la Sentence,
pourrois-je vous demander pourquoi vous
avez paſſé ſous ſilence ce qu'on lit dans le
Nº. 4 ? Il y eſt dit que « le Duc d'Aveiro
» faiſoit avec vos Confreres de communes
» délibérations dont le réſultat étoit que
» l'unique moyen par lequel on pouvoit
» parvenir à changer le Gouvernement,
» étoit de complotter la mort du Roi;……
» que les mêmes Religieux décidoient que
» le Patricide qui tueroit ſa Majeſté. ne
» ſeroit pas même coupable d'un péché
» véniel. « Les Nº. 9, 10, 11, ajoutent
que « c'eſt par ces déciſions que le Mar-
» quis Louis-Bernard de Tavora, le Com-
» te d'Atougia & Joſeph-Marie de Ta-
» vora furent ſeduits. » Un trait auſſi ca-
pital méritoit bien de votre part quelques
momens d'attention. Ce n'eſt pas ſans deſſein que vous l'avez ômis. Vous ne vouliez pas arrêter vos Lecteurs ſur une déciſion qui s'accorde ſi parfaitement avec les
principes de votre Société ſur le droit de

tuer les Souverains, même pour de vils intérêts. Vous ſçavez que c'eſt préciſément ce qui révolte le plus les eſprits contre elle. L'attentat en effet contre la vie du Roi de Portugal eſt un crime particulier; qui ſeroit ſuffiſamment expié par le ſupplice de ceux qui y ont pris part. Mais la doctrine de votre Société ſur le meurtre des Rois eſt un crime général, qui l'infectant toute entiere, & qui ne pouvant produire que des fruits amers dans tous les Etats, exige un remède général par la réforme ou la ſuppreſſion de cette fatale Compagnie.

Il eſt vrai, car je ne veux rien diſſimuler, que vous faites mention de cette déciſion à la page 60, de votre Lettre. Mais c'eſt après coup & par un hors d'œuvre. D'ailleurs tout ce que vous en dites, ſe reduit à demander comment on le ſçait. Vous affectez de ne pas le croire, & vous fondez votre doute ſur ce qu'il eſt dit dans le Manifeſte, ſelon l'extrait que vous en donnez, « que les criminels ſe ſont toujours tenus ſur la négative avec l'opiniâtreté la plus inflexible, tant par rapport à eux-mêmes, que par rapport à leurs autres complices. » C'eſt ici une pure, mais indigne ſupercherie. Pour donner une idée de votre adreſſe, je dois dire que vous n'avez fait que ſubſtituer

dans le texte un article indéfini à un pro-
nom démonftratif. La Sentence du 12 Janvier, dans l'extrait que cite le Manifefte,
parle de deux criminels, François de Affis
de Tavora & Don Jerome d'Ataïde. Ce
font les feuls dont le Manifefte dit que
ces criminels fe font toujours tenus fur la
négative, &c. Cette expreffion fuppofe
évidemment que les autres Conjurés ont été
plus finceres : la Sentence l'annonce auffi
textuellement, puifqu'elle porte qu'elle eft
rendue *fur la confeffion de la plus grande
partie des coupables.* Vous l'avez lû comme
moi, mais vous le diffimulez : & par un
menfonge bas & honteux, qui dès qu'il eft
découvert décéle un mal-honnête homme,
vous changez le texte pour lui faire dire
que *LES criminels* en général fe font tenus
fur la négative, lorfqu'il ne le dit déter-
minément que de deux. De pareils moyens
de défenfe trahiroient feuls votre caufe,
fi elle n'étoit d'ailleurs & à tous égards
défefpérée.

Reprenons le fil de votre Lettre. Vous
en étiez à examiner les préfomptions de
droit alléguées contre vos Confreres dans
la Sentence du 12 Janvier. Sur cet article
vous vous étendez avec plus de complaifance, *p. 18,* parce qu'il eft vrai en général que des préfomptions, quelques mul-
tipliées qu'elles foient, ne font pas des

preuves. Mais fur quel fondement avan-
cez-vous, *p. 19*, " qu'il y a cette différé-
» rence entre les préfomptions qu'on avoit
» contre les autres conjurés, & celles
» qu'on a contre les Jéfuites, que les
» premieres ont été accompagnées de
» preuves fi convaincantes, qu'elles ne
» laiffoient pas le moindre doute fur la
» réalité du crime de ceux qui ont été
» punis, & que les fecondes font reftées
» dans l'état de fimples préfomptions. »
Vous le dites, mais vous n'alléguez rien
pour le prouver. Vous n'effayez pas même
de le faire. Il eft évident que vous n'avez
d'autre motif pour le prétendre, que la
différence qui fubfifte encore entre le fort
des uns & des autres. Mais cette preuve
ne conclut rien de votre propre aveu ;
puifque vous reconnoiffez vous-même,
p. 6, que le *Confeil de Sa Majefté* peut avoir
*jugé à propos de fufpendre pour quelque temps
la punition* d'une partie des coupables.

Vous paroiffez vous prévaloir auffi de ce
que les préfomptions font propofées comme venant à l'appui des preuves de fait.
" Il n'eft donc pas évidemment & phyfi-
» quement prouvé, dites-vous, *p. 27*, que
» les Jéfuites font coupables, puifqu'en
» vertu des préfomptions alléguées, on
» demande qu'ils donnent des preuves
» concluantes que d'autres qu'eux font

>> coupables d'être les auteurs de l'atten-
>> tat. >> Ce feroit une chofe bien fingu-
liere, qu'une fimple inexactitude du rédacteur de la Sentence, qui aura mis à la
fuite des preuves ce qui devoit les précé-
der, devînt un motif fuffifant pour infirmer la Sentence toute entiere.

Il y a en effet dans la rédaction de la
Sentence un petit renverfement d'ordre
qui a été remarqué par les Lecteurs ver-
fés dans la procédure criminelle. Il con-
fifte en ce que les préfomptions font pla-
cés après le réfultat des preuves de Fait.
Il étoit naturel de commencer par les préfomptions. Ce font elles vraifemblablement
ou plutôt les Faits d'où elles naiffent, qui
ont fervi de premiers indices pour decou-
vrir la confpiration. Lorfqu'on vit le Roi
affaffiné, on dût porter les foupçons fur
ceux qu'on fçavoit être mécontens de la
Cour. Les recherches dûrent fe tourner
de ce côté-là, & conduire aux connoif-
fances & aux preuves de Fait qui font
conftatées dans la procédure. En fuivant
dans la Sentence la même marche qui a
été infailliblement fuivie dans la découverte de la confpiration, les préfomptions
y auroient paru avec toute leur force, &
les preuves de Fait s'y feroient préfentées avec l'indépendance qui leur con-
vient. Mais un défaut qui n'eft que dans

la forme d'un Rapport, ne change rien aux chofes. Les préfomptions, pour être déplacées dans la Sentence de Lisbonne, n'en laiffent pas moins toute leur certitude aux preuves de Fait acquifes par la procédure, & déclarées convaincantes par le prononcé des Juges. Faut-il vous en donner une preuve fans replique ? Vous la trouverez en ce que le rédacteur de la Sentence de Lisbonne en a ufé par rapport aux criminels fuppliciés, comme il a fait par rapport à vos Peres. Elle porte, en parlant des uns & des autres, que les preuves de Fait recueillies au procès font par elles-mêmes *furabondantes & décifives*, indépendamment de la Force des préfomptions qu'il va difcuter. C'eft donc abufer indignement d'un fimple défaut dans la forme de la Sentence, que d'y oppofer un raifonnement qui doit tout ce qu'il a de fpécieux à ce petit defordre, & de prétendre détruire ainfi des preuves de Fait juridiquement conftatées.

Vous vous plaignez encore, *p. 18*, que ces préfomptions font propofées d'un ton paffionné. Vos Peres y font traités de *Religieux pervertis. Ces invectives* [plus bas vous les qualifiez d'*injures*] *font déplacées*, dites-vous, *dans un Hiftorien*. Mais eft-ce là le caractere de ceux qui parlent dans la Sentence ? Ne font-ce pas des Juges ? Quand un Arrêt déclare un criminel atteint & convaincu d'avoir *méchamment* commis telle ou telle action, direz-vous également que c'eſt-là une invective ou une injure déplacée ? Les qualifications d'un crime font certainement partie d'un Jugement & ſont un acte de Juge.

Vous inſiſtez enſuite, *p.* 20, ſur ce qu'on appelle *deſpotiſme* l'autorité dont vos Peres jouiſſoient ci-devant, & dont ils faiſoient un abus indigne dans la Cour de Portugal. C'eſt chicanner ſur des mots, quand il s'agit de répondre à des choſes accablantes. Si vos Peres s'en étoient tenus à diriger la conſcience du Roi de Portugal & de la famille royale, en demeurant, comme vous le prétendez, dans les bornes qui conviennent à des Confeſſeurs, ils n'auroient pas été expoſés au reproche qui leur eſt fait ici. On peut, dites-vous, *p.* 21, *nier formellement ce fait comme ſuppoſé.* Par malheur pour vous, votre raiſonnement même détruit cette dénégation téméraire. *La ſageſſe & la prudence de Sa Majeſté Portugaiſe me font croire,* ce ſont vos termes, *qu'elle n'auroit pas laiſſé uſurper dans ſa Cour, par des Religieux, ſon autorité ſuprême.* Vous avez raiſon. Mais elle a pu ne pas appercevoir d'abord cette uſurpation ; & c'eſt cette *ſageſſe* & cette *prudence avec laquelle elle gouverne ſes Etats,* qui l'ont déterminée à écarter vos

Peres, dès qu'elle a vû l'abus étrange qu'ils faisoient de sa confiance. Vous niez cet abus, sous prétexte qu'il auroit été réprimé. Il l'a été. Concluez-en donc qu'il étoit réel.

Vous traitez d'accusation, *p. 22*, ce qui est dit dans la Sentence des usurpations d'un autre genre, que vos Peres ont faites sur la Couronne Portugaise en Afrique, en Amérique, en Asie; & de la guerre déclarée qu'ils ont allumée par le moyen d'une révolte formée au nord & au midi des Etats du Brésil. Vous dites que *ces accusations sont d'un grand poids*, & vous avouez que vous êtes *fort embarrassé d'y répondre*. Vous perdriez le tems à l'essayer, parce que ce ne sont point ici des dénonciateurs qui accusent : ce sont des Juges qui prononcent & qui condannent. Ce qu'ils disent d'ailleurs à cet égard, étoit déjà connu & constaté. Le Roi lui-même en avoit fait des plaintes à Benoit XIV, & il déclare dans ses Lettres Royales du 19 Janvier, que c'est lui qui a fait présenter à ce Pape la *Rélation abrégée de la République que les Religieux Jésuites des Provinces de Portugal & d'Espagne ont établie dans les domaines d'outre-mer des deux Monarchies, &c.* Cette Relation est authentique. Vous faites profession d'avoir tout le respect & la vénération qui est dûe pour la

perfonne du Roi. Vous êtes difpofé à admettre avec confiance ce qui émane du
Confeil de Portugal. Vous ne devez donc
avoir aucun doute fur l'exactitude de cette
Relation. Voyez à préfent fi ce qui eft dit
des poffeffions des Jéfuites dans le Paraguay, & la maniere dont ils les gouver-
nent, reffemble aux poffeffions que les
autres Religieux ont dans les colonies de
l'Amérique & à la maniere dont elles font
régies. Je le croyois, dites-vous. Vous ne
le croirez plus après cette lecture ; ou fi
vous continuez à le croire, vous ferez le
feul. « Ces poffeffions, ajoutez vous, *p.* 23,
» font des conceffions que les Jéfuites ont
» obtenues de la munificence des Rois. »
Mais les Princes ne les ont pas faites pour
les voir fouftraites à l'autorité Royale, ni
pour être étendues par des ufurpations, ni
pour être défendues à main armée contre
leurs Officiers & contre leurs armées. C'eft
néanmoins l'ufage que vos Peres en ont
fait, comme on le voit dans la Relation
citée.

Vous nous renvoyez, *p.* 23, pour avoir
une connoiffance exacte de ce qui fe paffe
dans le Paraguay, à l'hiftoire qui en a été
écrite par M. Muratori, & à ce qu'en a
dit M. l'Abbé Prevoft. Quelque foit l'autorité de ces Ecrivains, qui peuvent n'a-
voir parlé du Paraguay que fur vos Mé-

moires; elle difparoît abfolumént vis-à-vis d'une Relation préfentée à un Pape par un Roi. Vous plaifantez, *p. 24*, fur un reproche qui a été fait à M. l'Abbé Prevoft, de n'avoir pas fait ufage, en parlant du Paraguay, de ce qu'en avoit dit M. Arnauld dans fa *Morale pratique*. La plaifanterie vient trop tard, puifque ce qu'avoit dit ce célébre Docteur il y a plus de 60 ans, fe trouve aujourd'hui reconnu par Sa Majefté Très-Fidéle, qui déclare en avoir acquis des preuves fans nombre.

    » On accufe encore les Jéfuites, dites-» vous, *Ibid.* d'avoir formé des projets » pour exciter des féditions dans l'intérieur » même de la Capitale, & d'attirer fur le » Royaume & fur les Sujets de Sa Ma-» jefté le fléau de la guerre. » Non, mon Pere, on ne les en accufe point, mais on les en déclare coupables ; & ce font des Juges Souverains qui le font. C'eft le Roi lui-même qui le répéte de la maniere la plus expreffe dans les Lettres Royales du 19 Janvier. La différence eft immenfe. Je ne puis croire que vous ne la fentiez, ainfi que le ridicule du perfonnage que vous faites dans votre Lettre. Sans autre moyen de défenfe que les reffources de votre efprit mifes en œuvre par un intérêt de corps, vous vous débattez contre un Jugement régulier, qui eft le réfultat d'informations fecrettes & publiques, faites avec des précautions dont vous dites vousmême qu'elles font le chef-d'œuvre de la fageffe & de la prudence du Prince & de fon Confeil. Quelqu'un avant vous a-t-il transformé en accufations conteftables, des affertions judiciaires contenues dans une Sentence ? Continuons à examiner vos doutes & leurs motifs.

« Les Miniftres de Sa Majefté font, » dites-vous encore, *p. 24*, trop éclairés » & trop vigilans pour n'avoir pas été inf- » truits des moindres mouvemens qui au- » roient pu être contraires à la tranquilité » publique, & pour ne pas les réprimer » fur le champ. » Votre réflexion feroit fpécieufe, s'il étoit vrai qu'on n'eût rien fait pour réprimer vos Peres : mais elle eft abfurde, lorfqu'il eft notoire que le Confeil de Portugal n'étoit occupé que de cet objet plufieurs mois avant l'attentat. Il eft vrai qu'on n'a point puni ceux de vos Peres qui étoient les auteurs de ces troubles. Vous faites femblant de l'attribuer à l'infuffifance de preuves. Mais c'eft cherher fçiemment à tromper vos Lecteurs, puifque vous n'ignorez pas quelle en a été la vraie caufe. Toute l'Europe fait que le Roi de Portugal, à la vue des premiers excès de vos Confreres, au lieu de les punir comme ils le méritoient & comme il en avoit le droit, a mieux aimé recourir au S. Siége, & s'eft contenté de lui demander leur réformation. Ils ont payé ce ménagement, en fe mettant à la tête d'une confpiration contre fa vie ; & ce Prince trop dépendant peut-être de maximes abufives, mais accréditées dans fon Royaume, a eû encore recours au S. Siége avant que de faire fubir aux Jéfuites coupables le fupplice qu'ils ne méritent pas moins que les autres criminels. Ce double recours du Roi vers le S. Siége eft certain. La Bulle de réformation a été le fruit du premier. Le fecond, quelqu'en foit l'objet précis, eft conftaté par les Lettres Royales du 19 Janvier. L'un & l'autre font fondés fur les excès de vos Confreres ; mais excès également graves en eux-mêmes, & conftans par leur notoriété, & par les preuves qui les atteftent. Un Souverain qui adreffe fes plaintes au S. Siége contre un Corps Religieux, & qui demande le concours de fon autorité Pontificale pour le réprimer, ne le fait pas témérairement & fans être pleinement affuré, foit de la réalité, foit de l'énormité des torts dont il fe plaint. Une pareille démarche n'eft point de fa part une fimple accufation fur laquelle il puiffe être démenti par des informations nouvelles que le S. Siége ordonneroit. C'eft, à peu près, le procédé de nos Magiftrats, qui dans certaines caufes mixtes appellent un Official, pour concourir avec eux au jugement d'un Clerc criminel, fans devenir pour cela les parties de l'accufé, fans ceffer d'être fes Juges, & fans foumettre à cet Official ni l'information déja faite, ni le fort du criminel en ce qui appartient à l'autorité Royale. Le recours du Roi de Portugal au S. Siége, bien loin de rendre incertain le crime de vos Confreres, eft donc lui-même l'effet & la preuve de la conviction acquife contre eux. Vous l'avez fenti, & c'eft pour cela que vous ne dites mot de cette démarche. Elle eft cependant conftatée, comme je l'ai dit, par les Lettres Royales du 19 Janvier. Vous les avez lûes. N'eft-ce pas une fupercherie tout-à-fait indigne, de le diffimuler, & de donner pour preuve d'innocence une fufpenfion de châtiment que vous favez avoir une caufe toute oppofée ?

Vous vous tirez auffi mal, *page 28*, de l'ufage qui eft fait contre vos Peres dans la Sentence, de cette regle & préfomption de droit, *femel malus femper præfumitur malus in eodem genere mali.* « Il faudroit, » dites-vous, pour appliquer cette regle » aux Jéfuites, qu'ils euffent déja été con- » vaincus d'une autre conjuration contre » leur Souverain. » Ne fuffit-il donc pas qu'ils l'aient été d'avoir excité des troubles

dans

dans le Portugal, d'avoir pris part à la révolte de Porto, d'avoir foutenu une guerre ouverte contre les armées de deux Rois ? Des hommes qui ont été capables de ces attentats, & qui en voient le fruit leur échapper, ne font que trop légitimement fufpects, à la vue d'un attentat encore plus horrible, dont le fuccès tendoit au même but, d'en être les principaux moteurs. D'ailleurs votre Société ne s'eft jamais lavée des affaffinats commis contre la perfonne d'Henri IV. dont le dernier fut prédit d'avance par vos Peres, & dont les deux autres furent exécutés par vos Ecoliers ou vos Difciples. Vous effayez de l'en juftifier : mais nous verrons bientôt fi vous y avez réuffi. Enfin où eft l'inconvénient de vous croire capables de concourir aux meurtres des Rois , puifque vos Théologiens anciens & nouveaux décident qu'en plufieurs cas ce meurtre eft légitime ? Vous l'imputer quand il en arrive quelqu'un dont les fuites peuvent vous tourner à profit , c'eft vous attribuer une action innocente , & même une œuvre de charité , felon la belle décifion de votre Bufembaum.

Vous demandez, *page 30* , quelle utilité il feroit revenu aux Jéfuites de la mort du Roi de Portugal ? La queftion eft plaifante : mais je vais y répondre comme

C

ſi vous la faiſiez ſérieuſement. Je ne penſe pas aſſurément que vous euſſiez le deſſein de mettre ſur le Trône quelqu'un de vos Peres. Mais ſi le Duc d'Aveiro y étoit monté, il n'auroit pu faire moins pour eux que de les rappeller à la Cour, dont ils ſe voyoient exclus avec tant de chagrin ; que d'arrêter cette réformation déſeſpérante dont vous ne dites pas un mot dans votre Lettre ; que de vous laiſſer tranquilles poſſeſſeurs de vos uſurpations dans les différentes parties de la Domination Portugaiſe. Sont-ce là de minces objets pour l'orgueil & la cupidité Jéſuitiques ? Ne dites pas, *page 31*, que le Duc d'Aveiro étant un méchant homme, n'auroit pas eu pour les Jéſuites, s'il fut parvenu au Trône, les égards que leur complicité auroit exigés. S'il ne les avoit pas eûs par reconnoiſſance il les eût eus par néceſſité. Vous pouvez citer des exemples de traîtres ſacrifiés par ceux à qui ils ont ſervi d'inſtrument : mais c'étoient des particuliers iſolés à qui il ne reſtoit point de vengeurs. Il n'en eſt pas ici de même. Manquer à l'égard de ceux de vos Peres qui ſeroient entrés dans le complot, c'eût été encourir la haine de tout le Corps. Le Duc d'Aveiro dans cette hypothèſe auroit eû une preuve récente & perſonnelle de tout ce dont votre Société eſt capable. Il n'auroit pas été affez fou pour s'expofer à l'avoir pour ennemie au commencement d'un régne ufurpé par fon fecours , & lorfqu'il pouvoit avoir encore befoin de fes intrigues & de fes reffources.

« La récompenfe , *page 32* , que vos
» Peres auroient reçue de ce nouveau Roi ,
» auroit été , felon vous , la conviction
» d'une complicité qui les auroit couverts
» d'une éternelle infamie. » Elle l'auroit été fans doute aux yeux des perfonnes attentives & judicieufes. Mais l'auriez-vous reconnu vous - même ? Et puifque aujourd'hui vous oppofez hardiment les conjectures & les fuppofitions les plus frivoles, à des preuves de fait furabondantes & décifives ; déclarées telles par une Sentence folennelle d'un Tribunal Souverain ; que n'auriez-vous pas oppofé à cette conviction , comme vous l'appellez , mais qui n'eût jamais été qu'une fimple préfomption ? J'ajoute que cette récompenfe n'eût pas été affez frappante pour être remarquée par le commun des gens , puifque elle eût confiftée principalement à remettre vos Peres fur l'ancien pié où ils étoient tranquillement depuis plus de cent ans. Quand elle auroit eû même de quoi fixer l'attention , il auroit été facile d'en cacher le vrai motif & de lui en fubftituer un autre , en faifant obferver que la mort du

Roi étoit sans doute une punition célefte de la perfécution qu'il faifoit fouffrir à votre Société ; qu'elle avoit été révélée au faint Jéfuite Malagrida , qui l'avoit annoncée d'avance avec une certitude prophétique à diverfes perfonnes qui étoient en état de produire fes Lettres ; que pour réparer fa faute, il falloit vous relever à proportion de ce qu'il avoit voulu vous humilier. Joignez à cela que la faveur dont vous auriez joui fous le nouveau regne, auroit fermé la bouche aux plus clair-voyans ; & dites-nous fi dans de pareilles circonftances quelqu'un en Portugal auroit ofé dire que cette faveur & ces effets étoient la preuve de votre complicité dans l'affaffinat.

Vous revenez fur ces Lettres de Mala-grida pour en contefter l'exiftence, & vous voudriez , *page 32* , qu'on en eût donné des copies. Ne feroit-ce pas affez qu'elles fuffent jointes en original au pro-cès ? Ne feroit-ce pas même affez, pour affurer qu'elles ont été écrites, que le fait eût été dépofé par ceux qui les avoient reçues, & qu'ils en euffent déclaré le contenu, en avouant peut-être qu'à la nouvelle de l'af-faffinat ils avoient brûlé ces Lettres, dont il eut été dangéreux pour eux de fe trou-ver faifis ? Qu'auriez-vous à reprocher à de pareils témoins ? Il n'y a donc point de réticence fur ces Lettres, ni d'affectation de les tenir fecrettes, ni de motif par conféquent de douter de leur exiftence. De quel front un anonyme comme vous ofet-il le faire, contre la déclaration de Juges refpectables ?

Pour éluder les inductions qui réfultent contre vos Confreres de la lettre interceptée du 19 Décembre, *p. 33,* vous fupprimez ce qui dans cette Lettre montre le trouble & le défefpoir de vos Peres. Avec de pareils moyens, de quoi ne fe tire-t-on pas ?

Mon deffein, dites-vous, p. 34 & 35, *n'eft pas de difculper les Jéfuites, & c'eft le feul amour de la vérité qui me fait parler.* Allez, mon Pere, on ne fe joue pas ainfi du Public. Votre Lettre n'eft deftinée qu'à difculper vos Confreres, & à étouffer cette vérité qui les pourfuit & les accable. A quoi en effet fe réduit votre Lettre ? N'eft-ce pas à tourner & à retourner en tout fens cet unique mais puérile raifonnement : les Jéfuites n'ont pas été punis : donc ils ne font pas convaincus : donc ils font innocens ? Eft-ce l'amour de la vérité qui le dicte ? Et n'eft-ce pas évidemment cette affection de Corps qui ne veut jamais voir de coupables parmi des Confreres, & à qui tout eft bon pour les juftifier ? Les Jéfuites Portugais ont été déclarés coupables de l'affaſſinat, & chefs même de la conſpiration, ſur les mêmes preuves & par les mêmes Juges qui ont déclaré coupables le Duc d'Aveiro & les autres ſuppliciés. Vous croyez ceux-ci criminels, parce qu'ils ne ſont pas Jéſuites. Vous croyez les autres innocens, parce qu'ils ſont de votre Société. S'il y avoit cependant de la différence à admettre entre les uns & les autres, elle ſeroit à l'avantage des premiers & à la charge des ſeconds. La part qu'ont eu vos Peres dans l'attentat, n'eſt, ſelon les Lettres Royales du 19 Janvier, qu'un dernier forfait qui a mis le comble à une multitude d'autres qui avoient précédé. Il faut vous remettre ces Lettres devant les yeux. Elles ſont une réponſe péremptoire à la vôtre. C'eſt le Roi lui-même qui y parle.

« Les pernicieux complots, dit ce Prin
» ce, que les Religieux compoſant le Ré
» gime de la Société de Jéſus dans mes
» Etats y ont formés, & qui ont éclaté par
» des ſéditions ſcandaleuſes, des révoltes
» & des guerres déclarées, ont été le juſte
» motif des ordres que j'ai envoyés à mon
» Miniſtre en Cour de Rome..... Mon
» intention étoit que le S. Pere ordonnât
» la réforme deſdits Religieux.... Par un
» moyen auſſi doux & auſſi modéré, je
» me propoſois d'empêcher le cours de
» ces grands déſordres, de rétablir la tran-

» quillité parmi mes Sujets & dans mes
» Etats, & de pourvoir à l'amendement
» desdits Religieux, sans être obligé d'en
» venir contre eux & pour les réprimer,
» à des extrémités que ma clémence m'a
» toûjours incliné à suspendre. Cette mo-
» dération pleine de bonté de ma part a
» produit les effets les plus étranges, & les
» plus opposés à ceux que j'en espérois.
» Ils ont eu la malice de nier.... les at-
» tentats détaillés dans la Rélation que j'a-
» vois fait présenter à Sa Sainteté.... De
» ces excès ces Religieux se sont portés à
» d'autres plus téméraires & plus infâmes.
» Ils ont prétendu aliéner mes bon Sujets
» de l'amour & de la fidélité qu'ils doi-
» vent à ma Royale Personne & à mon
» gouvernement.... Ils ont abusé du sacré
» Ministére, en s'en servant pour commu-
» niquer & répandre la venimeuse conta-
» gion de leurs sacrilèges calomnies contre
» moi & contre mon gouvernement. En-
» fin ils en sont venus jusqu'à former au
» dedans de cette Capitale une abomi-
» nable conjuration, dont le Régime de
» ces mêmes Religieux s'est établi l'un des
» trois principaux chefs.... Les circons-
» tances détestables de cette conjuration
» sont détaillées dans la Sentence rendue le
» 12 du présent mois de Janvier..... Ces
» Religieux y sont compris au nombre

C iv

>> des coupables des crimes de leze-ma-
>> jesté au premier chef, de rébellion, de
>> haute trahison & de parricide. >> Relisez,
mon Pere, & rougissez d'avoir opposé
des dénégations insolentes à une déclaration aussi solennelle, aussi accablante,
& qui prévient si clairement les consé-
quences que vous tirez de l'impunité de
vos Confreres ; & d'avoir osé la contre-
dire, sans pouvoir alléguer ni le moindre
fait à la décharge de vos Peres, ni le moindre reproche ou contre les témoins, ou
contre les Juges.

Vous êtes demeurés dans le silence pendant plus de trois mois. La honte & la con-
fusion vous fermoient la bouche. Sans
doute que quelque cause secrette a relevé
votre courage abattu, & vous a enhardis
à risquer une apologie telle quelle, dans
l'espérance qu'elle seroit adoptée par ce
qui vous reste de partisans. Vous n'avez
pas voulu demeurer à leurs yeux sans quelqu'espèce de justification , & sans leur
fournir en même tems quelques armes pour
vous défendre. C'est ce même motif qui
vous fait rappeller dans votre Lettre la
mort funeste d'Henri IV., l'affaire de l'infâme Damiens, & celle de votre procès avec
les héritiers d'Ambroise Guys. Les deux
premiers événemens ont été réveillés dans
les esprits par celui de Lisbonne, qui leur

est si ressemblant; & à cette occasion , les soupçons sur-tout qu'on avoit conçus contre votre Société en 1757, ont reparu avec leur premiere vivacité. L'autre affaire assoupie par vos soins depuis long-temps, s'est réveillée aussi dans la même conjoncture, peut-être par l'espoir qu'ont eu les héritiers de Guys, que votre discrédit leur procureroit enfin le jugement qu'ils sollicitent depuis si long-tems. Ce concours a donné lieu à des rumeurs fort déplaisantes pour vous. C'est ce qui vous a déterminé à en parler, afin que votre silence ne fût pas pris pour conviction. Mais vous avez beau faire : ce que vous en dites ne vous justifie pas. Nous l'allons voir sur chacun de ces trois objets.

Henri IV. fut en butte à la fureur de trois Assassins. Le premier se nommoit Pierre Barriere. Il fut surpris & arrêté avant que d'avoir fait son coup. C'est de lui que le Parlement dit au Roi quelques années après, par la bouche de M. de Harlai Premier Président, « qu'enrôlé par la Société des Jé-
» suites dont la doctrine séditieuse... fa-
» vorisoit les attentats sur la Personne sa-
» crée des Rois, armé par Varade (Rec-
» teur de la Maison de ces Peres) muni de
» l'absolution & du précieux corps de Jé-
» sus - Christ, il s'engagea par serment à
» enfoncer le poignard dans le sein de Sa

C v

» Majesté. » Ce témoignage, mon Pere, en vaut cent, & me dispense d'en produire aucun autre.

Jean Châtel est le second scélérat qui tenta de tuer le même Prince. Le coup porta heureusement sur la lèvre; ce qui donna lieu au bon Roi de dire, en apprenant que c'étoit un de vos Ecoliers: *Falloit-il donc que les Jésuites fussent convaincus par ma bouche?* Vous n'avez eu garde de de rapporter ce mot, ni la circonstance sur laquelle il étoit fondé, quoique attestée non seulement par les Historiens, mais encore par une des inscriptions de la pyramide élevée à cette occasion. Jean Châtel déclara *avoir ouï dire à vos Peres qu'il étoit loisible de tuer le Roi.* Le même Arrêt qui le condanna à mort, condanna vos Peres à sortir du Royaume. Vous l'avouez; mais vous en cachez le motif. « C'est, aux ter-
» mes de l'Arrêt, comme corrupteurs de
» la Jeunesse, perturbateurs du repos Pu-
blic, ennemis du Roi & de l'Etat. » Votre Pere Guignard fut pendu. Son crime ne se bornoit pas *à avoir conservé des écrits scandaleux faits du temps de la Ligue.* En le réduisant à cela vous l'excusez, *page* 52, & vous censurez ainsi comme excessif, & dès-lors comme injuste, l'Arrêt qui le condanna. Son crime consistoit « à s'être trou-
» vé saisi de livres ou ouvrages composés

» par lui & écrits de fa main, contenant
» approbation du parricide d'Henri III.,
» & induction à tuer le Roi regnant. En
» conféquence de quoi la Cour a déclaré
» ledit Guignard atteint & convaincu du
» crime de leze-Majefté. » Telle eft l'é-
noncé de l'Arrêt.

On voit à préfent, mon Révérend Pere,
pourquoi vous avez coulé fi légérement fur
les deux premiers attentats, & pourquoi
vous vous arrêtez davantage fur le troi-
fiême. Vous demandez donc, *p.* 54, fi
l'on a fait quelques procédures contre vos
Peres, & s'ils ont été convaincus lorfqu'on
a fait le procès à Ravaillac.

Avant que de répondre à cette queftion,
il faut vous faire remarquer à vous-même
le génie qui regne dans votre Lettre. Vous
nous avez dit que votre deffein n'étoit pas
de difculper les Jéfuites. Voici de quoi s'en
convaincre. En demandant fi on a fait des
procédures contre les Jéfuites lors du procès de Ravaillac, vous convenez par-là même, que s'il en avoit été fait & qu'ils euffent été juridiquement déclarés complices,
on feroit fondé à les charger de la mort
d'Henri IV. Cependant voilà une procédure folennelle contre vos Confreres de
Lisbonne. Il y a auffi un Jugement, qui
non feulement déclare leur complicité
prouvée, mais dans lequel ils font com-

pris parmi les chefs principaux de la confpiration; & malgré cela vous dites que
vous les croyez innocens. Vous voulez que
nous les croyions tels avec vous. Ce n'eſt
pas faute de procédure. C'eſt par défaut de
punition. Il faudroit donc les croire coupables, s'ils avoient été punis. Votre raiſonnement le ſuppoſe. Mais point du tout.
Votre P. Guignard a été pendu, & néanmoins vous l'excuſez en exténuant ſon
crime.

A chaque événement qui intéreſſe vos
Confreres, vous vous attachez à quelque
circonſtance qui manque. Vous l'érigez en
circonſtance eſſentielle, dont le défaut
rend leur crime douteux. Vous la variez
enſuite ſelon le beſoin. Point de procédure du tems de Ravaillac. Procédure &
Jugement: mais point de ſupplice à Lisbonne. Procédure, Jugement & ſupplice
à l'égard du P. Guignard ; mais faute excuſable, & abolie par l'amniſtie qui ſuivit la
Ligue. Innocence conſtante chez les Jéſuites. Bien-tôt vous nous direz qu'ils n'ont
contre eux que des écrits ſatyriques, répandus par leurs adverſaires. C'eſt ainſi
que vous nous prouvez que votre deſſein
n'eſt pas de diſculper ces Peres ; mais que
le ſeul amour de la vérité vous fait parler.
L'amour de la vérité a-t-il beſoin de tant
d'adreſſe, & uſe-t-il de tant de variations ?

Non certes. Elles ne conviennent qu'à l'hi-
pocrifie & à la partialité.

Après cette obfervation, je reviens à la
demande que vous faites, fi l'on a fait quelques procédures contre les Jéfuites, lorfqu'on fit le procès à Ravaillac; & je vous
réponds franchement que non. « Pourquoi
» donc, dites-vous, les en déclarer cou-
» pables, comme fi ce fait étoit avéré? »
Pourquoi? Par la même raifon & fur les
mêmes fondemens qui vous font dire à vous-
même, *p.* 53, qu'il faut « couvrir cet évé-
» nement d'un voile impénétrable, de
» crainte de révéler d'affreux fecrets, qui
» mettroient peut-être au rang des cou-
» pables des perfonnes dont on doit ref-
» pecter la mémoire, puifque la Juftice de
» ce tems-là ne l'a pas flétrie. » Vous reconnoiffez en parlant ainfi, que, quoiqu'il
n'y ait eu de procédure que contre Ravaillac, ce malheureux avoit néanmoins des
complices. La conféquence que vous tirez
en faveur de vos Peres du défaut de procédures contre eux, eft donc caduque.
Mais fi Ravaillac avoit des complices d'un
haut rang qui durent être ménagés, peut-on
douter qu'il n'y en eût d'intermédiaires qui
cachoient ces premiers? Vous ne connoiffez ceux-ci que par les Hiftoriens du tems,
& par les monumens qu'ils citent. Or ces
Hiftoriens & ces monumens font plus for-

mels encore contre vos Peres que contre ceux que vous défignez.

Je me contente de citer ici le Factum du Capitaine la Garde, & la déclaration de la Demoifelle Coman. Ces deux pièces vous feroient-elles inconnues? Cherchez-les dans le Journal de l'Etoile, IV.e volume de l'édition de 1741. Vous trouverez dans la premiere que votre Pere Alagon de Na-ples fit les plus vives inftances au Capitaine la Garde pour l'engager à tuer le Roi, lui promettant une récompenfe flatteufe, & ne lui diffimulant pas qu'un autre (c'é-toit Ravaillac) avoit accepté cette funefte commiffion. La feconde vous apprendra que la Demoifelle Coman ayant eu con-noiffance de la confpiration, fit tous les efforts imaginables pour en faire parvenir l'avis jufqu'au Roi; que n'ayant pu y réuf-fir, elle alla chez les Jéfuites demander le P. Cotton Confeffeur du Prince; qu'on lui dit qu'il étoit forti; qu'elle y retourna le lendemain; que fe voyant renvoyée encore fous le même prétexte, elle confia fon fecret au Pere Procureur de la Maifon, avec priere de le tranfmettre au Pere Cot-ton; que le Pere Procureur lui promit de *faire ce que Dieu lui confeilleroit,* & répondit à de nouvelles inftances de la Demoifelle, que *ce n'étoit point à elle à fe mêler de ces affaires;* que quelques jours après elle fut arrêtée prifonniere. Ce fut tout le fruit qu'elle recueillit de fon zéle, & le Roi fut tué par le même homme qu'avoit défigné la Demoifelle Coman, & contre lequel on n'avoit pris aucune précaution.

Argumentez à préfent tant qu'il vous plaira. Demandez, *p.* 55, " fi on a des » preuves convaincantes que vos Peres » aient fait le moindre ufage des maximes » qu'on vous reproche. » Ajoutez qu'ils » n'ont contre eux que des écrits fatyri- » ques, répandus par leurs adverfaires » pour les rendre odieux. » On vous renverra aux Arrêts contre Jean Châtel, contre votre P. Guignard, & contre tous vos Peres bannis alors du Royaume ; aux Remontrances préfentées enfuite par le Parlement pour s'oppofer à votre rappel : Remontrances où cette augufte Compagnie attefte elle-même l'ufage que vous avez fait de vos maximes féditieufes. On vous renverra aux Hiftoriens qui ont écrit les circonftances de la mort d'Henri IV. ; aux Ecrits de l'Univerfité ; aux plaidoyers faits pour elle contre votre Compagnie, &c. En quelle confcience pouvez-vous donc dire que vos Peres *n'ont contre eux que des écrits fatyriques, répandus par leurs adverfaires ?* Ces adverfaires dont vous parlez fans ceffe dans votre Lettre , font poftérieurs au tems d'Henri IV. Ils n'ont pas fabriqué les hiſtoires & les monumens où votre Société paroît d'une maniere ſi peu avantageuſe. Ils n'ont fait qu'en extraire & produire ce qui étoit conſigné, ſoit dans les Regiſtres du Parlement, ſoit dans les ouvrages des Auteurs les plus eſtimés, & comparer les faits avec les maximes établies dans vos propres livres.

Vous demandez encore, *p.* 55, quelle utilité les Jéſuites ont retirée du meurtre de Henri IV. Il falloit demander quelle utilité il s'en promettoient; & à cette queſtion je répondrai qu'il ne faut qu'être inſtruit médiocrement de l'hiſtoire de ce temps-là pour ſavoir combien votre Société étoit dévouée à la Cour d'Eſpagne. Ce n'étoit pas un ſimple attachement d'eſtime. Il étoit l'effet de ſa reconnoiſſance pour les immenſes richeſſes qu'elle en avoit reçues, & du deſir, ſoit de les conſerver, ſoit de les voir accroître par de nouveaux dons. Tout ce que vous poſſédiez en France, n'étoit rien en comparaiſon. De-là ce zèle effréné avec lequel vous épouſiez les intérêts de la Cour d'Eſpagne, & vous entriez dans ſes vûes ambitieuſes. De-là les promeſſes de richeſſes & d'honneurs par leſquelles votre Pere Alagon, oncle du Duc de Lerme alors Miniſtre d'Eſpagne, tentoit à Naples la fidélité du Capitaine la Garde, & vouloit l'engager à tuer le Roi,

Vous attribuez vous-même cette mort à la jalousie des Puissances étrangeres. Or elles n'avoient pas d'émissaires plus affectionnés, ni plus adroits que vos Peres pour la comploter. Cessez donc de vous plaindre qu'on vous accuse sans preuves. Votre Société n'en a que trop fourni sur cet événement. Passons à celui de 1757.

Je conviens avec vous, *p. 38*, que les Jésuites n'ont pas été mis en cause dans l'affaire du scélérat Damiens, & qu'en conséquence on ne peut dire avec une pleine assurance que vous soyez coupables de l'attentat du 5, Janvier. Mais il ne s'ensuit pas de-là que vous en soyez innocens. Nous venons d'observer que Ravaillac parut seul coupable du meurtre d'Henri IV.; qu'il fut seul livré à la Justice, seul condanné au supplice; & que cependant vous reconnoissiez vous-même qu'il avoit des complices. Il ne seroit pas merveilleux que ce qui est arrivé par rapport à Ravaillac, se fût répété par rapport à Damiens. On peut, sans taxer de prévarication les Juges de ce dernier, croire qu'il n'étoit que l'instrument d'autrui; puisque vous le croyez de Ravaillac, en excusant également ses Juges. Il faut donc en revenir aux raisons pour ou contre, & non argumenter sur des omissions dans une procédure, qui ont pu être l'effet d'ordres supérieurs, dont les Magistrats ne se feront pas cru permis de s'écarter. Or quant aux raisons de vous réputer complices de l'attentat du 5 Janvier, elles se trouvent dans les principes de votre Société sur le meurtre des Rois, dans l'époque & les autres circonstances de l'événement, dans une multitude de traits qui sont répandus & constatés dans le procès imprimé de Damiens : traits qui montrent ses liaisons anciennes & persévérantes avec vos Peres, l'intime confiance avec laquelle il étoit admis dans leurs entretiens secrets, l'esprit de schisme qu'il avoit succé à leur école, son inquiétude fanatique sur l'état des disputes Eccléfiastiques & leurs dépendances, &c. &c. Joignez à cela qu'il est absolument incroyable qu'un homme de l'état & du caractere de ce malheureux, se soit déterminé de lui-même, sans suggestion étrangere, à un attentat aussi horrible que celui du 5 Janvier ; que d'ailleurs il est évident qu'il ne s'y est porté que par une impression fanatique, qu'on ne conçoit pas tout seul, & qu'il n'a pu recevoir que de vos Peres, puisque dans cet ordre il n'avoit de liaison intime qu'avec eux. Vous auriez mieux fait, mon Pere, de ne pas rappeller un objet aussi triste, & de persévérer dans le silence que vous aviez si sagement observé dans le temps.

Quant au fameux procès pour la succef-
fion d'Ambroife Guys , vous triomphez ,
page 42 , à la faveur de l'Arrêt du Confeil
que vous avez récemment obtenu. Pour
moi , je fuis furpris qu'il ne fe foit trouvé perfonne parmi vous d'affez fenfé pour
fentir combien il étoit honteux d'en faire
trophée , & pour ne pas arrêter cette puérile oftentation qui vous l'a fait inférer
dans la Gazette de France. Que porte en
effet cet Arrêt ? Il déclare faux un autre
Arrêt prétendu qui vous avoit été fignifié
par les héritiers d'Ambroife Guys , comme leur donnant gain de caufe contre
vous. Eft-ce là vous decharger de la demande de ces malheureux héritiers ? Eft-
ce avoir jugé que vous ne vous êtes point
emparés de la fucceffion de Guys ? Le nou-
vel Arrêt opere-t-il même le moindre préjugé en votre faveur fur cette fameufe
caufe ? C'eft tout le contraire , Mon Révérend Pere. Si vous n'étiez pas réellement débiteurs de cette immenfe fucceffion , ce procès dureroit-il depuis 1715 ?
N'auriez - vous point obtenu depuis ce
tems-là votre décharge ? Quel plus grand
intérêt aviez-vous que de la folliciter , &
de vous fervir de votre crédit pour l'ob-
tenir ? Bien loin de là , vous avez retiré
l'affaire du cours ordinaire de la Juftice ;
& au bout de 40 ans vous triomphez d'un

Arrêt qui déclare qu'elle n'eſt pas jugée; vous le produiſez avec emphaſe, & vous voulez qu'on en conclue que la ſucceſſion de Guys n'eſt point en vos mains. Comment le conclurroit-on ? L'arrêt ne le dit pas. Et certainement on vous en auroît accordé un qui le déclarât définitivement, ſi l'on n'avoit dans les Regiſtres du Conſeil un tas de preuves qui s'y oppoſent. Ne le prenez donc pas, mon Pere, ſur un ton ſi haut. Il n'eſt bon que pour tromper des dupes. Tout homme judicieux, ſur la ſimple lecture des pièces autenthiques qui concernent cette affaire juſqu'au dernier Arrêt incluſivement, demeurera convaincu qu'au crime de l'enlevement de cette ſucceſſion, vous ajoutez celui de la retenir avec une obſtinarion qui montre combien vous êtes fermés à tout remors, & à tout ſentiment de pudeur.

Il eſt tems de terminer la diſcuſſion de votre Lettre. Je crois avoir démontré l'inutilité de vos efforts pour laver vos Confreres Portugais, du crime d'avoir attenté à la vie de leur Roi. Tous vos argumens ſe réduiſent à des poſſibilités, des ſuppoſitions, des conjectures : vous n'articulez pas un ſeul fait qui ſoit à leur décharge. Vous vous prévalez uniquement de ce qu'ils n'ont pas été punis, pour en conclurre qu'ils ne ſont pas convaincus. Il faut vous. faire rougir encore une fois, fi vous en êtes capables, d'un aussi misérable raifonnement : écoutez le Roi de Portugal lui-même. C'eft aux Evêques de fon Royaume qu'il parle. J'ai déja cité quelques portions de ce texte : vous en fentirez mieux la force, en le relifant tout entier.

« Les deux exemplaires joints à cette
» Lettre vous inftruiront, dit ce Prince,
» de la Sentence rendue le 12 du préfent
» mois de Janvier par l'*Inconfidence* contre
» les coupables du barbare & facrilège
» outrage commis contre ma Royale Per-
» fonne..... Ils vous inftruiront en outre
» des actes & procédures que j'ai fait
» faire, ... pour réprimer en partie les
» Religieux de la Compagnie de Jefus,
» dont le Régime corrompu s'eft rendu,
» non-feulement complice, mais encore
» chef principal des énormes crimes de
» Leze-Majefté au premier chef, de haute
» trahifon & de parricide, qui ont été
» jugés par ladite Sentence. Les Jéfuites
» par ce procès, dit encore ce Prince à
» la fin du Manifefte qu'il joint à fa Let-
» tre, fe voyant pleinement & manifef-
» tement CONVAINCUS de leurs abomi-
» nables forfaits, jouent le rôle qu'ils ont
» toujours joué en pareil cas. Ils affectent
» une douceur, un air d'innocence, ...
» pour perfuader aux dupes que les fup-

» plices qu'on leur fera souffrir leur vau-
» dront la couronne du martyre. .... Ce
» stratagême usé de leur part ne détruira
» jamais les preuves convaincantes qui
» résultent du procès. Il y est démontré
» que les Jésuites, qui font parade de ces
» bonnes œuvres, sont précisément les
» mêmes qui ont conseillé, tramé, com-
» plotté & fait exécuter le parricide du 3
» Septembre de l'année derniere. »

L'entendez-vous, mon Révérend Pere ?
C'est un Roi qui parle. Qui êtes-vous,
je le demande encore, pour le démentir
jusqu'à dire en finissant votre Lettre, qu'on
doit s'attendre *à apprendre incessamment que
les Jésuites n'ont eû aucune part à l'assassinat commis contre la personne de Sa Majesté Très-Fidele ?* p. 64. Ce Prince, à votre
avis, est donc un calomniateur atroce, &
le tems l'en convaincra incessamment.
L'histoire n'offre pas d'exemple d'une pareille insolence, qui est toute seule un crime de Leze-Majesté.

Avant que de vous quitter, mon Pere,
il est bon d'apprendre au Public ce qui
vous a inspiré cette hardiesse de publier
une apologie de vos Confreres Portugais.
Vous étiez plus modestes dans les mois de
Février & de Mars. Mais dès le commencement d'Avril il vous est revenu, selon
l'expression d'un de vos Confreres, *des*

lueurs d'espérance d'un tems moins orageux.
Ces lueurs se sont accrues jusqu'à vous
flatter que les Peres Malagrida, Matos,
Alexandre & autres, pourroient échapper
au supplice. Ce n'est pas du côté du Portugal que sont nées ces espérances, mais
à ce qu'on prétend chez vous, des Cours
de Versailles & de Madrid, qui, s'il en
faut croire votre Confrere, vous *jugent
tout autres que celle de Lisbonne.* C'est encore plus de la Cour de Rome qui vous
a déja donné plusieurs marques de sa protection. La mort du Cardinal Archinto,
placée, ou du moins arrivée si à propos
au moment que vos Supérieurs Romains
apprirent que le coup de Portugal étoit
manqué, vous a délivrés d'un Ministre qui
vous connoissoit, & dont vous redoutiez
les dispositions. Il a eû, dit-on, dans le
Cardinal Torrigiani un successeur qui vous
est dévoué, & qui fait usage de son crédit
& de son génie, pour tempérer & détruire
dans l'esprit du Pape l'impression d'horreur
contre vous, qu'avoit fait sur ce Pontife
l'attentat de Lisbonne. Quoique ce Ministre ait débuté par renvoyer son Confesseur
Jésuite, & que son exemple ait été suivi
par le Cardinal Neveu & le Cardinal
d'Yorck, vous n'avez pas été effrayés de
cette disgrace apparente. Elle n'a été qu'une
feinte pour vous mieux servir, en cachant

le concert établi entre vos Peres & ces Eminences. De là le changement qui s'est insensiblement introduit dans la Cour Romaine sous le nouveau Pontificat. De là les audiences fréquentes qui y sont accordées à votre Général, & la liberté qu'il a, dit-on, de se déchaîner contre le Roi de Portugal, jusqu'à traiter de calomnies les faits atroces qui sont l'objet des plaintes de ce Prince, & l'accuser lui-même de ne vouloir perdre votre Société, que par haine pour la Religion, dont vos Peres sont le principal boulevart. Vous vous flattez encore d'être protégés à Rome par l'Ambassadeur de France, lequel est si déclaré en votre faveur, qu'il en a mérité les remerciemens de votre Pere Général, qui les a étendus jusqu'à son Sécretaire.

Vous voyez, mon Pere, que je suis instruit de ce qui vous flatte & que je n'en dissimule rien. Je n'ai garde pourtant d'adopter ces différentes anecdotes. Je suis bien plus porté à croire que vous les inventez vous-même & que vous les débitez en secret avec un ton d'assurance qui persuade plusieurs de ceux qui vous écoutent. C'est en effet une ruse qui n'est pas maladroite, d'aller répandre çà & là que tel & tel Cardinal vous protége auprès du Pape ; que les Cours de Versailles & de Madrid vous jugent innocens ; que les

Ambassadeurs

Ambaſſadeurs de ces Cours parlent à Sa Sainteté en votre faveur. Ceux à qui vous le dites, le croient ſur votre parole. Ils s'imaginent dès lors que votre parti prend le deſſus à Rome. Ils ſe hâtent de s'y joindre, croyant faire ainſi leur cour aux Miniſtres en place. Le ſuccès de votre ruſe auprès de ces premiers vous ſert pour en gagner d'autres. Je ne ſerois pas ſurpris que vous euſſiez ainſi formé un parti qui parlât pour vous. Je n'ai pas non plus de peine à croire que vous ayez engagé, comme on l'aſſure, ceux des Evêques de France qui ſont mécontens de la paix que le Roi veut rétablir dans ſon Royaume, à écrire à Clément XIII. pour le prier d'accorder ſa protection à vos Confreres *injuſtement perſécutés.* Ces Prélats vous ſont il y a long-tems aveuglément dévoués. Ils peuvent ſe flatter que ſi leur interceſſion vous ſert auprès du Pape, vous les payerez de retour en faiſant ſervir un crédit que vous aurez recouvré par leurs ſoins à reſ-ſuſciter des troubles qui étoient ſi fort de leur goût.

Mais que les Ambaſſadeurs des Cours étrangeres ſe ſoient rendus vos protecteurs auprès de Sa Sainteté contre le Roi de Portugal, ou que les Miniſtres du Pape, qui ſont en quelque ſorte vos Juges avec lui, par le recours de Sa Majeſté Très-

Fidele auprès du Saint Siége, foient devenus vos Avocats : *Credat Judæus Apella.*

Par rapport aux Ambaffadeurs des Cours,
ils ne pourroient faire le perfonnage qu'on
leur prête, fans y être autorifés par leurs
Souverains. En une matiere auffi impor-
tante & qui intéreffe un autre Monarque,
ils ne fe permettroient pas d'ufer, fans
ordre, de leur crédit perfonnel. De fup-
pofer que ce foit de la part des Rois leurs
Maîtres qu'ils plaident votre caufe auprès
de Sa Sainteté, c'eft chofe impoffible. Il
faudroit avoir prouvé l'innocence de vos
Confreres à toutes ces Cours, pour les engager à fe déclarer en leur faveur. Le
feroient-elles à l'incertain & au rifque de
protéger des Religieux inftigateurs d'un
affaffinat contre le Roi affaffiné par leurs
fuggeftions ? Mais où feroient les preuves
qui auroient établi leur innocence ; puifque vous n'en produifez aucune dans cette
apologie même que vous venez de publier ?
Les Confeils des Princes ne fe perfuadent
pas par des raifonnemens du genre de ceux
que vous y employez. Et fi vous aviez
eû quelque chofe de plus folide à alléguer,
vous ne l'auriez point omis dans cette
Lettre. Voulez-vous que fur des préfomptions auffi vaines que les vôtres, ils croient
vos Confreres étrangers à l'attentat, contre le Jugement du Tribunal qui les a

condannés ; contre le réfultat des actes de la procédure fur lefquels cette condan-nation eft fondée ; contre les déclarations fi fortes & fi folennelles du Roi de Portugal lui-même ? Par quel prodige des criminels condannés par un Tribunal compétent & Souverain, fur une procédure réguliere, feroient-ils écoutés en la perfonne de leurs Confréres, jugés innocens par des Prin-ces étrangers, & protégés à ce titre, parce qu'ils font affez hardis pour nier leur crime ? Combien ce prodige feroit-il plus grand encore dans le cas où il s'agiroit de Sujets convaincus d'avoir attenté à la vie de leur Souverain, & membres d'un corps. d'hommes qui enfeignent ouverte-ment que ces attentats peuvent être légi-times ?

Il ne feroit pas furprenant que les autres Cours regardant cette affaire comme parti-culiere au Portugal, ne s'en mêlaffent point. Mais fuppofons, j'y confens, qu'elles prennent parti dans cette caufe. Elles doi-vent alors fe décider ou par préjugé, ou par intérêt, ou par conviction & felon les principes de la juftice ? Sera-ce par pré-jugé ? Quelle comparaifon entre un Roi trop jaloux de fa gloire pour hazarder, fans la plus parfaite certitude, les griefs qu'il expofe contre vous à toute l'Europe ; & votre Société réduite pour fa défenfe,

ou aux moyens frivoles que vous propo-
fez, ou à des récriminations vaines, fuf-
pectes de droit dans des criminels, & fuf-
pectes à double titre de la part d'hommes
comme vous, chez qui le menfonge & la
calomnie font excufables & même permis,
lorfqu'ils font néceffaires pour fauver le
faux honneur de votre corps? Sera-ce
par intérêt? De quel côté fe trouve, je
ne dis pas le plus grand, mais le feul intérêt véritable des Princes? Eft-ce à protéger,
ou à abandonner au fort qu'elle mérite,
une Société auffi corrompue dans fes maximes, auffi dangéreufe dans fa politique,
auffi redoutable dans fon reffentiment; qui
n'a fait de bien nulle part, & qui par tout
a été une fource de maux; qui flatte les
Princes quand ils favorifent fon ambition;
qui les méprife ou qui cherche à les perdre
dès qu'ils veulent la réprimer? Sera-ce enfin par conviction & par cet efprit de
juftice qui eft l'affermiffement des Trônes?
Qu'eft-ce qui dans ce cas entraînera leur
jugement? Seront-ce les actes d'une procédure réguliere qui feroient mis fous les
yeux des Souverains, & par lefquels ils
verroient le Régime des Jéfuites Portugais
convaincu, foit d'avoir attenté à la vie de
leur Roi, foit d'avoir mis le comble par
ce forfait à une multitude d'excès également puniffables: ou fera-ce une miférable

Apologie, qui ne leur préfenteroit que de
fimples dénégations, de futiles raifonnemens, des conjectures hazardées, des fuppofitions en l'air, de pures poffibilités :
moyens dont le feul effet eft de rendre
plus évidente la certitude du crime, & le
caractere incorrigible du Corps, qui a le
front de protéger & de défendre des membres fi criminels ?

Ces confidérations font trop puiffantes
pour n'être pas pefées dans les Cours des
Princes avant que d'y époufer les intérêts
de votre Société. Elles ne font pas moins
fortes par rapport à la Cour de Rome.
Mais il y en a d'autres qui intéreffent plus
particulierement celle-ci. Je laiffe à part
l'impreffion que feroit dans l'Europe, &
fur-tout parmi nos freres féparés, une
protection qui feroit accordée par le Saint
Siége à des Religieux affaffins de leur
Souverain. Je laiffe encore à part les foupçons qu'on concevroit fur la nature des
moyens qui leur auroient procuré cette
protection. Je m'arrête à d'autres vûes.

Si Clément XIII. fe trouve aujourd'hui
en quelque forte le Juge de vos Peres
Portugais, c'eft parce que Sa Majefté
Très-Fidéle a bien voulu montrer de la
complaifance pour les opinions ultramon-
taines fur ce qu'on appelle les immunités
Eccléfiaftiques. Aucune loi ne l'y obligeoit,

& il seroit bien étrange qu'un Roi assassiné par des Ecclésiastiques, portât envain à leur égard cette épée que Dieu même lui a mis en main pour punir ceux qui font le mal. La France est aussi Catholique que le Portugal, & nos Tribunaux envoient au supplice les Ecclésiastiques malfaiteurs sans aucune autorisation de Rome. Votre Pere Guignard fut pendu sans cette formalité. Rome le sait & ne s'en est jamais plainte, parce qu'il n'y a, & qu'il ne peut y avoir aucune loi de l'Eglise qui gêne l'administration de la Justice dans chaque Etat, quand il s'agit de punir des scélérats, quel que soit leur caractere. Un Sujet du Prince ne cesse pas de l'être en devenant membre du Clergé, & le Christianisme n'a jamais borné l'autorité Souveraine.

Ces principes sont connus en Portugal; & quoiqu'on n'y rejette pas, comme en France, les opinions contraires, le Pape & ses Ministres sont trop éclairés pour ne pas prévoir que si, contre toute raison, ils vouloient protéger les Jésuites Portugais, malgré l'atrocité de leur forfait contre la personne du Roi, ils donneroient lieu à ce Prince de secouer un joug dont il éprouveroit par lui - même les inconvéniens, & d'user librement de droits imprescriptibles, qui sont conservés en France sans préjudice de la Catholicité.

Jugez après ces réflexions s'il eſt à préſumer qur la Cour de Rome, dans une
cauſe qui n'intéreſſe en rien ſes préroga-
tives ni même ſes prétentions, veuille ſe
prévaloir des égards de Sa Majeſté Très-
Fidéle pour le Saint Pere, juſqu'à obliger
ce Monarque à laiſſer impunis des Religieux
coupables d'avoir conſeillé, tramé, complotté & fait exécuter le parricide du 3
Septembre dernier contre ſon auguſte Perſonne. Jugez également s'il eſt à préſumer
que les autres Princes ſe rendent leurs protecteurs.

P. S. Pour payer le *Poſt ſcriptum* que
vous avez joint à votre Lettre, par un
autre non moins intéreſſant, je vais vous
régaler, M. R. Pere, de la copie de deux
Lettres dont j'ai fait mention dans ma
Réponſe. Elles n'étoient pas deſtinées pour
le Public. Mais il verra avec plaiſir de quel
ton parlent vos Peres dans le ſecret,
quand ils trouvent des oreilles dociles &
crédules. C'eſt auſſi à lui que je les adreſſe,
avec les courtes réflexions que j'y joints.
J'ai l'honneur d'être, &c.

LETTRE de...... *sur l'attentat du 3 Septembre 1758.*

Les motifs de la prétendue conjuration, qui a caufé tant de troubles dans le Portugal, ont pris leur fource du trop de penchant que le Roi avoit pris pour la jeune fille de cet illuftre infortuné, le Duc d'Aveiro. On fait que la vertueufe Demoifelle ne pouvant pas fe voir libre des follicitations empreffées du Roi, avoit été obligée d'en faire part à fes Parens; & il eft très-conftant que fon pere, jaloux de fon honneur & de la réputation de fa fille, avoit projetté de l'envoyer en France, & que le paffionné Monarque ne le voulut jamais.

Il eft donc très-probable que le Roi perfiftant dans le deffein de fatisfaire fa paffion amoureufe, & les Peres & Parens de la Demoifelle voyant combien il étoit à craindre qu'un ennemi fi redoutable n'emportât enfin par la violence ce qu'il ne pouvoit pas gagner par fes efforts amoureux; il eft probable, dis-je, qu'ils aient penfé à la confervation de l'honneur de la vertueufe Demoifelle & de leur illuftre nom, en repouffant la force par la force, & fe fervant des derniers moyens qu'offre le défefpoir dans une caufe jufte. Peut-être le Duc d'Aveiro a tâché d'affurer fon honneur par la mort du Roi.

Et fans approfondir à préfent, s'il eft permis ou non, dans un cas femblable, d'en venir jufques-là; ce qui eft certain, c'eft que le rufé Miniftre Carvalho, au milieu des troubles d'un événement fi funefte, & dont les hiftoires ne fourniffent pas beaucoup d'exemples, n'a eu en vûe que de fatisfaire fes paffions particulieres, & la haine implacable qu'il avoit conçue contre les Jéfuites & la principale Nobleffe de Portugal.

A cette fin il a tâché d'en impofer à tout le monde

par ſes Manifeſtes mal prouvés , & ſa préſomption
de droit: de ſorte qu'à vouloir l'en croire ſur ſa parole, tout le Royaume auroit été conjuré contre ſon
Roi ; toute la Nobleſſe Portugaiſe auroit trempé dans
la conjuration ; les Peres Jéſuites les plus ſavans ,
les plus zélés , les plus exemplaires, ſeroient les principaux moteurs d'un ſemblable attentat, & après
tant d'années de peines eſſuyées dans le Madagaſcar &
dans toutes les Indes pour la propagation de la Foi, &
pour le ſalut de tant d'ames, ſeroient enfin revenus
à Lisbonne couronner tous leurs mérites par un ſi bel
exploit. Je m'étonne comment des gens ſenſés peuvent ſe perſuader une choſe ſemblable , même ſuppo-
ſant que Carvalho ſoit un Miniſtre droit & juſte.

Mais que diroient-ils, s'ils ſavoient qu'il eſt un
parfait Machiavéliſte, & qu'il ne donne que du ſien,
lorſque dans un certain papier qu'il a donné au
Public, il prétend prouver que les Jéſuites le ſont ?
Ceux qui le connoiſſent plus foncierement, ſavent
que ce Miniſtre a été élevé à Londres dès ſon bas
âge, où certainement il n'aura pas ſuccé le lait le
plus pur de la Morale & de la Religion. Il y en a
d'autres qui prétendant le connoître encore mieux ,
aſſurent qu'il eſt Juif tout de bon , deſcendant de
pere en fils ſans la moindre interruption ; ce qui
n'eſt pas impoſſible en Portugal, quoique je ne ſuis
pas aſſez au fait pour l'atteſter.

Un fait inconteſtable, c'eſt que lorſque M. Carvalho revint de Vienne avec Madame la Comteſſe de
Thaun ſon Epouſe, comme cette Dame eſt d'une
très-illuſtre Maiſon d'Allemagne, il prétendit que
les Dames Portugaiſes devoient la traiter d'Excellence. Madame la Marquiſe de Tavora répondit que
pour la Comteſſe de Thaun, elle n'héſiteroit point
de la traiter d'Excellence; mais que comme femme
de Carvalho, elle ne vouloit pas lui donner ce titre.
Toutes les principales Dames Portugaiſes ſe ran-

gerent de fon côté; & Madame Carvalho en fut
quitte pour ne pas faire & ne pas recevoir de vifi-
tes. Mais le Mari conçut dès-lors une haine mor-
telle contre la maifon de Tavora & la Nobleffe
Portugaife. C'eft dans cette occafion qu'il cherche
à fe fatisfaire. Toujours ivre de fang & toujours
altéré, il femble ne méditer que l'entiere ruine du
Portugal & des Jéfuites.

Quel eft donc le motif pour lequel il eft fi contraire à ces Peres, lui qui au commencement étoit fi
étroitement lié avec eux ? C'eft que les peuples de
Sertaon, où fon frere fut envoyé pour Gouverneur,
ayant envoyé à Lisbonne des Commiffaires pour fe
plaindre des injuftices & des vols dudit Gouverneur, il n'y eut perfonne qui ofât en parler au Roi,
& l'informer de la vérité, que le P. Jofeph Moreira
Confeffeur du Roi. Voilà, Monfieur, en peu de
mots la caufe effentielle de ce terrible événement.
Vous en pourrez tirer toutes les conféquences qui
s'enfuivent.

*EXTRAIT d'une Lettre du P. Cavallery,
Jéfuite, Profeffeur de Théologie dans l'Uni-
verfité de Touloufe, écrite à M. Lartigue,
Eccléfiaftique du Palais Epifcopal de
Bayonne, qui lui avoit envoyé copie de la
Lettre précédente.*

De Touloufe, le 5 Avril 1759.

En m'envoyant ce que vous avez tranfcrit de la
Lettre de Madrid, vous avez fait une bonne œuvre.
Cela fortifiera beaucoup d'ames contriftées de voir
tant d'horreurs de la part des ennemis de la Religion. Il nous vient de toutes parts des lueurs d'ef-
pérance d'un tems moins orageux. Les Cours de

Versailles & de Madrid nous jugent tout autres que celles de Londres & de Lisbonne. On écrit même que le Nonce en Espagne a reçu ordre de Sa Sainteté de témoigner à la Cour de Madrid combien on est étonné d'apprendre que dans un Royaume si Catholique, on débite tant de libelles si injurieux à une Société qui a si bien mérité de l'Eglise ; de faire savoir aux Evêques d'Espagne que Sa Sainteté souhaite qu'ils emploient aux fonctions évangéliques les Peres de la Compagnie, & de faire connoître à ces Peres que Sa Sainteté compatit à leur état en Portugal, mais que toute communication de ce Royaume à Rome étant fermée, Sa Sainteté ne peut pas y remédier comme elle voudroit. Après tout, l'orage n'aura pas cessé de ce côté, qu'il grondera d'ailleurs. *Non est servus major Domino suo. Si me persecuti fuerint, & vos persequentur.* Joan. 15, 20.

Qu'il y auroit de choses à dire sur ces deux Lettres ! Elles fourniroient aisément matiere à un ouvrage. Mais j'aime mieux les livrer aux réflexions des Lecteurs, & ne proposer que celles qui s'offrent d'abord à mon esprit.

1°. Les Jésuites ne doivent pas désavouer la prémiere de ces Lettres, sous prétexte qu'on n'en indique pas l'auteur. Il est certain qu'elle a été communiquée & répandue avec zèle par leurs dévots dans les Diocèses méridionaux du Royaume, comme reçue d'Espagne, & comme contenant une Apologie satisfaisante de la Société par rapport à l'attentat. On voit de plus qu'elle a été adoptée avec joie par le P. Cavallery, Jésuite des plus renommés dans sa Province.

2°. Quand on connoît les maximes des Jésuites sur le droit de calomnier ceux qui blessent leur prétendu honneur, on est autorisé à regarder comme une fiction, l'origine qu'ils attribuent ici au ressentiment du Duc d'Aveiro contre son Roi. Les circonstances seules de cette anecdote la rendent incroyable.

3°. On est également en droit de regarder comme calomnieux, les traits lancés contre le Ministre M. Carvalho. Pour connoître les principes & le talent des Jésuites en ce genre, il ne faut que lire, dans la XVe. Lettre Provinciale, l'histoire du démêlé de M. Puys, Curé de Lyon, avec le Pere Albi Jésuite, & les réflexions de M. Pascal sur l'issue de cette querelle.

4°. Dans la Lettre que les Jésuites ont fait imprimer pour justifier leurs Confreres Portugais, le Duc d'Aveiro est *un malhonnête homme, un scélérat.* Ce langage étoit nécessaire pour le Public. Dans la Lettre clandestine destinée seulement pour leurs amis, ce même Duc, quoiqu'on n'y désavoue point qu'*il a tâché de tuer son Roi*, est *un illustre infortuné*, que des sentimens d'honneur ont fait recourir aux derniers moyens qu'offre le défepoir *dans une caufe jufte.* Il eût été *un héros* felon l'expreffion du Pere Mamachi, fi fon crime avoit été heureux & que le Roi eût fuccombé fous fes coups.

5°. C'eft un problême à réfoudre *s'il a été permis ou non*, dans un cas femblable à celui où l'on fuppofe qu'étoit le Duc d'Aveiro, d'en venir jufqu'à tuer fon Roi. L'Auteur de la Lettre qui ne veut pas approfondir *à préfent* cette queftion, fe réferve par là de le faire dans un tems plus opportun. C'eft annoncer qu'il juge l'attentat légitime en pareille conjoncture, & en toute autre équivalente fans doute. S'il avoit dû opiner pour la négative, tout tems étoit propre pour le faire, & on n'a pas befoin de recourir à de profondes recherches pour prouver qu'il n'eft jamais permis d'attenter à la vie des Rois. Qu'on juge par le doute propofé ici, fi les Jéfuites ne font pas toujours & par tout les mêmes, & s'il faut les en croire, lorfque dans des occafions critiques ils font profeffion de réprouver ces maximes monftrueufes qui intéreffent la fûreté des Souverains.

6°. On ignore quel eft l'Auteur de cette Lettre, qui qualifie le Duc d'Aveiro *d'illuftre infortuné*, qui appelle la caufe de son attentat *une cause juste* , qui met en question *s'il a été permis ou non* à ce Duc d'ôter la vie à son Souverain. Mais le P. Cavallery, qui approuve une pareille Lettre, qui dit que c'est une bonne œuvre de la transcrire & de la répandre , qui la juge propre *à fortifier les ames contris-tées* , ce P. Cavallery n'est pas un inconnu. C'est un Professeur de Théologie dans une des principales Universités du Royaume, la plus fréquentée peut - être après celle de Paris. Les jeunes Théologiens de cette Province ne sont-ils pas en de bonnes mains ?

7°. Il sied bien au Pere Cavallery , après avoir adopté une pareille Lettre, de traiter d'horreur les justes rigueurs qu'éprouvent ses Confreres Portugais , & l'humiliation qui en rejaillit sur sa Société ! Il lui sied bien de s'appliquer les prédictions de Jesus-Christ à ses Disciples ! Ceux-ci étoient des agneaux envoyés au milieu des loups. Ils ne faisoient que du bien à ceux qui leur faisoient du mal. Ils n'étoient persécutés que pour la justice, & non comme usur-pateurs du bien d'autrui, ou comme ho-micides. *Nemo vestrûm patiatur*, disoit S. Pierre, *ut homicida, aut fur, aut alienorum appetitor. Si autem ut Christianus, non eru-bescat.* A quel de ces deux genres de souffrances appartiennent celles des Jéfuites Portugais & la honte qui en retombe fur leur Compagnie ?

8°. Que les Jéfuites excufent en fecret l'attentat de Lisbonne : qu'ils mettent en queftion s'il n'a pas été légitime : cela n'a rien de furprenant. Ce qui étonne, c'eft que ces Peres aient encore, même à Rome, des partifans affez aveugles pour accueillir avec joie & communiquer avec zéle une Apologie où l'on voit l'empreinte de leur doctrine régicide.

Je m'arrête..... & comme je l'ai dit d'abord, je laiffe aux Lecteurs à fuppléer les autres réflexions qui naiffent à la lecture de ces deux Lettres.

Le 25 Juillet 1759.